CONVITE À SOLITUDE

BRENNAN MANNING
com orações de Sue Garmon

CONVITE À SOLITUDE

Traduzido por Fabiano Medeiros

mundocristão
São Paulo

Os textos das referências bíblicas foram extraídos da *Nova Versão Internacional* (NVI), da Sociedade Bíblica Internacional, salvo indicação específica.

Algumas das histórias ilustrativas deste livro são verídicas e foram incluídas com a permissão das pessoas envolvidas. As demais ilustrações são compiladas de situações reais. Qualquer semelhança com pessoas vivas ou mortas é mera coincidência.

Dados Internacionais de Catalogação na Publicação (CIP)
(Câmara Brasileira do Livro, SP, Brasil)

Manning, Brennan

Convite à solitude / Brennan Manning; traduzido por Fabiano Medeiros. — São Paulo: Mundo Cristão, 2010.

Título original: Souvenirs of Solitude.

ISBN: 978-85-7325-630-7

1. Solidão - Aspectos religiosos - Cristianismo 2. Solidão - Aspectos religiosos - Meditações 3. Vida espiritual I. Título.

10-01663 CDD-248.47

Índice para catálogo sistemático:
1. Solidão : Meditações : Cristianismo 248.47
Categoria: Espiritualidade

Publicado no Brasil com todos os direitos reservados por:
Editora Mundo Cristão
Rua Antônio Carlos Tacconi, 69, São Paulo, SP, Brasil, CEP 04810-020
Telefone: (11) 2127-4147
Home page: www.mundocristao.com.br

1ª edição: setembro de 2010
3ª reimpressão (sistema digital): 2020

Sou profundamente grato por meus pais e a meus pais.
Este livro é um presente para papai e mamãe,
Amy e Emmett Manning, que me ensinaram com a
vida deles que é mais bem-aventurado dar que receber.

Precisamos encontrar Deus,
mas ele não pode ser encontrado no ruído e na agitação.

Deus é amigo do silêncio.
Veja como a natureza — as árvores, as flores, a relva —
viceja no silêncio.
Veja as estrelas, a Lua, o Sol,
como se movem no silêncio.

Nossa missão não é
levar Deus aos pobres?
Não um deus morto,
mas um Deus vivo, cheio de amor.

Quanto mais recebemos, em oração silenciosa,
mais podemos dar em nossa vida atarefada.
Precisamos de silêncio
para tocar outras almas.

O essencial não
é o que dizemos,
mas o que Deus diz
a nós e por meio de nós.

Todas as palavras serão inúteis
se não brotarem do interior.
As palavras
que impedem o brilho da Luz de Cristo
só fazem aprofundar as trevas.

Madre Teresa de Calcutá

Sumário

Prefácio à segunda edição norte-americana

Este livro traz lembranças que registrei em momentos de solitude, ao longo do tempo. Como acontece com todas as boas lembranças, acredito que essas recordações tenham uma qualidade atemporal, que não envelhece mesmo com o tempo, e um valor específico para os leitores de hoje. Muitos dos temas que tenho ensinado desde o fim da década de 1960 e começo da década de 1970 são resgatados neste livro, em doce regozijo. Predominante entre esses temas está o extraordinário e infindável amor de Deus por nós.

Na tradição hebraica, recordar é "tornar presente". Na primeira noite de Páscoa, há um ritual extraordinário em que a criança mais nova da família dirige-se ao pai e pergunta: "Por que esta noite é diferente de todas as outras noites?". O pai então passa a relatar a história do Êxodo. Na narrativa do pai – e na escuta atenta do filho –, a criança se torna *B'nai B'rith*, ou seja, filho da aliança. Ao relatar a história, aquilo que aconteceu milhares de anos antes, no Êxodo, passa a ser uma *realidade atual* para aquela criança, e não só para ela, mas nela.

Em nossa tradição cristã, a Eucaristia "torna presente" a morte de Cristo em nosso lugar e a favor de nós. A Eucaristia é mais que uma simples lembrança agradável e transitória. No fundo, o que Jesus estava dizendo era: "Façam isto em memória de mim; e, ao fazê-lo, eu me farei presente com vocês no pão e no cálice".

Ainda que menos sagradas e litúrgicas, as lembranças aqui contidas, extraídas de meus momentos de solitude, tampouco são meras recordações agradáveis. À medida que você se envolver com cada uma delas, acredito que se transformarão em uma realidade presente para você. Embora contenham muitas histórias do início de minha vida, eu as ofereço como lembranças pessoais, na esperança de que se transformem para você em encontros geradores de vida, hoje, com Deus.

BRENNAN MANNING
Nova Orleans, Louisiana
Páscoa de 2009

Prefácio à primeira edição norte-americana

"O homem que ora é capaz de realizar em um só ano aquilo que outro não consegue realizar em toda uma vida", escreveu Louis Lallemant, notável jesuíta francês do século XVII.

Qualquer eficácia que se possa encontrar em mim ou em meu ministério para com as pessoas está ancorada no Cristo da Eucaristia e nos milhares de horas em oração solitária, em cavernas, desertos, lugares ermos, aeroportos, táxis, quartos de hotel em beira de estrada ou pequenos aposentos abertos a mim em lares, em residências paroquiais e em monastérios. Nas últimas duas décadas, percorri meu país e o mundo, e com isso descobri que me conecto melhor com o outro quando me conecto com o meu eu interior. Quando consigo me desprender das pessoas e permito que o Senhor me liberte de uma dependência insalubre em relação a elas, mais eu consigo lhes dedicar minha existência, mais atentamente consigo escutar, mais altruisticamente amar, mais indulgentemente falar, mais esportivamente brincar, menos seriamente me levar e ter a plena consciência de que o meu rosto brilha sorridente sempre que me acho num jogo que aprecio completamente.

O silêncio e a solitude são artigos preciosos em minha vida. Meu eu irrequieto encontra paz somente quando descanso em Deus. Como é difícil persuadir as pessoas do valor de estarem sozinhas com o Senhor! Anne Morrow Lindbergh expressou essa verdade da seguinte maneira, em *Presente do mar*:[1]

> No que se refere à busca pela solitude, vivemos em uma atmosfera negativa, tão invisível, tão permeante e tão enervante quanto a densa umidade em uma tarde de verão. O mundo de hoje não compreende a necessidade presente no homem ou na mulher de estar só.
>
> Como explicar uma coisa dessas? Qualquer outra desculpa será mais bem aceita. Se a pessoa reserva um tempo para uma reunião de negócios, uma ida ao cabeleireiro, um compromisso social ou uma saída às compras, esse tempo é tido por todos como inviolável. Mas, se a pessoa disser "Não poderei comparecer porque é justo a hora que reservei para estar a sós", ela é considerada descortês, egocêntrica ou estranha. Que péssimo reflexo da nossa civilização quando estar sozinho é considerado algo suspeito; quando é preciso se explicar, dar desculpas, até mesmo esconder o fato de que essa é uma prática adotada — como se fora um vício que a pessoa preferiria manter em segredo!
>
> Na realidade, momentos assim estão entre os mais importantes da vida — quando se está só. Certos mananciais são acessados somente quando estamos a sós. O artista sabe que precisa estar só para criar; o escritor, para desenvolver seus pensamentos; o músico, para compor; o santo, para orar.

Anos atrás, fiz o teste de personalidade Myers-Briggs,[2] para obter algum *insight* e alguma perspectiva sobre o ferro-velho que eu chamo de minha mente. Descobri que sou um tipo introvertido-intuitivo e sentimental-perceptivo, e a minha necessidade mais urgente na vida é ficar só. Da mesma maneira que um homem faminto precisa de alimento e um homem sedento carece de água, eu necessito de solitude — um tempo para alcançar aquele estado de paz e tranquilidade no qual eu consiga me recompor, recobrar o ânimo e simplesmente funcionar, oferecendo às pessoas aquilo para o que, no plano de Deus para mim, fui designado.

Imediatamente, sentimentos de culpa tomaram conta de mim. Será que essa necessidade não seria na verdade uma forma de me proteger das escolhas erradas, de escapar à responsabilidade, de desperdiçar meu tempo, ou seja, um luxo que não levava a nada? Encontrei grande consolo nas palavras do dominicano holandês Edward Schillebeeckx:[3]

> O cristianismo, por mais que se envolva nos cuidados e nos afazeres do cotidiano e em toda a nossa atividade secular, tem um espaço especial, sagrado, separado dos desenvolvimentos seculares e da cultura, dentro do qual aprofundamos a intimidade com Deus. Nesse lugar, encontramo-nos simplesmente junto com Deus, em Cristo. Agora, em uma dimensão meramente humana, o silêncio faz parte do discurso e do intercurso social, embora em si mesmo não tenha nenhum significado; só tem significado à medida que trabalhe a favor da comunhão. É necessário para estabelecer contato entre os homens verdadeiramente humanos e para assim manter o contato — humanizando-o. É o silêncio que torna o discurso pessoal. Sem o silêncio, o diálogo é impossível. Mas, em uma religião revelada, o silêncio praticado diante de Deus tem valor em si mesmo e por sua própria conta, apenas porque Deus é Deus. Deixar de reconhecer o valor de simplesmente se deixar ficar com Deus, na qualidade de nosso Amado, sem nada mais fazer, é extirpar o âmago do cristianismo.

Essas lembranças que lhe trago de meus momentos de solitude são a história de amor de minha caminhada com Deus. Ao revisitar os silêncios perdidos no passado, recordo e registro os instantes de intimidade em que permiti que o Senhor me atraísse até o deserto e me falasse ao coração. Em desertos sem confortos, em locais ermos e voando em Boeings 747, a palavra de Jeremias passou a ser a minha: "SENHOR, tu me enganaste, e eu fui enganado; foste mais forte do que eu e prevaleceste" (20:7). Se o compromisso do cristão não fosse uma questão do coração, eu sei que eu não o suportaria. As coisas realmente dignas de serem rememoradas em minha vida são essas lembranças extraídas da solitude, esses momentos de intercurso amoroso com o Noivo a quem pertenço.

Solitude não é algo fácil. Por sinal, Nikos Kazantzakis escreveu: "A solitude pode ser fatal para a alma que não arda em grande paixão". Mas a autenticidade do meu projeto de vida estaria em risco sem a solitude. A experiência me ensinou que, se eu não mantiver contato com o Cristo da minha interioridade, então não poderei tocar o outro. Quando estou distante de mim mesmo, sou igualmente um desconhecido para o outro. Qualquer que seja a solidão, a aridez ou a desolação por que se esteja passando (as quais podem sobrevir em altas doses), não é possível deixarmos de passar tempo a sós com Deus sem corrermos o risco de nos expor a graves perigos.

Em *Growth in the Spirit* [Crescimento no Espírito], François Roustang afirmou:[4]

> O Espírito que dá sentido e valor a todos os procedimentos externos e a todos os atos religiosos ou seculares deve

ser experimentado nas solitudes mais isoladas. Ninguém pode escapar a essa lei. Quando os autores da espiritualidade usam as palavras "coração", "alma", "níveis mais profundos da alma" ou simplesmente "profundidade", não estão fazendo concessões a um jargão falsamente piedoso. Estão tentando se referir, em linguagem humana, seguindo a Cristo, ao que os olhos não podem ver e os ouvidos não podem ouvir. Somente quando Deus lhes dá vida é que podem encontrar a Palavra da vida externamente e podem ouvir sua voz ressoar nos mais variados aspectos deste mundo.

Nestas páginas, será um prazer apresentar ao leitor a senhorita Sue Garmon, de Nova Orleans, no estado de Louisiana, que já não se encontra entre nós. Muitos anos atrás, participamos juntos de um retiro de fim de semana em Covington, Louisiana. Desde essa ocasião, compartilhamos a vida em oração e trabalhamos juntos em um ministério em equipe por várias regiões de seu estado natal. As orações ao final de cada capítulo são uma janela que se abre para a poesia de seu espírito e revelam melhor que quaisquer palavras minhas o calor e a sensibilidade, a candura e a honestidade, o amor e o anseio de seus encontros de amor em lugares secretos com o Noivo. É com alegria que compartilho com você os dons dessa mulher, e é com grande honra que a chamo minha amiga.

Ao pedir as bênçãos de Deus sobre este livro, oro pedindo que cada lembrança que eu aqui lhe trago como forma de recordar meus momentos de solitude com Deus seja capaz de avivar sua memória, pondo-o em contato com os momentos da intervenção amorosa de Deus em sua própria história, e o torne mais consciente de quem você é, por que está aqui e para onde está se dirigindo.

BRENNAN MANNING
Clearwater, Flórida
Setembro de 1978

CAPÍTULO 1

O SEGUNDO CHAMADO

Há 22 anos, tenho tentado fazer de minha identidade cristã o empreendimento mais importante de minha vida. O velho ditado "Dize-me como distribuis teu tempo e dinheiro, e te direi quem és" me dá a garantia de que não tenho me enganado. Apesar dos momentos de fraqueza, de óbvias imperfeições, de lapsos morais e de momentos de egoísmo, o teor geral da minha vida tem sido fidelidade à verdade como eu a compreendo.

Jesus Cristo é a verdade para mim. Sua Palavra influencia meu julgamento, impacta as decisões que tomo e as que me recuso a tomar. Sua verdade me ajudou a descobrir o que é central na vida e o que é secundário, o que é importante e o que é menos importante, o que é vital e o que é marginal, periférico, circunstancial. Mas será que tudo isso é real? Ou será que "dei com os burros n'água"? Será que a realidade confirma o discurso? Tenho apenas uma vida para viver, e quero vivê-la completamente, intensamente. Será que me deixei dominar pela rotina, pelas orações mecânicas, pelo corriqueiro da vida, pelos deveres diários realizados vez após vez? Dou uma saída até o deserto para reexaminar o rumo da minha vida.

E o Senhor me chama uma segunda vez. Na solitude refinadora das montanhas da Pensilvânia, ele estende um segundo convite:

— Quero que você aceite o amor de meu Pai.

Eu respondo:

— Mas disso eu já sei. Essa é velha. Vim até este lugar deserto à procura de novos *insights*. Estou num arroubo de fervor, estusiasmadíssimo, totalmente aberto. Prestarei atenção a qualquer coisa que tenhas a me dizer. Dize-me, Senhor, maravilha-me com tuas palavras. Traze uma mensagem nova. Eu já conheço a velha.

E ele responde:

— É exatamente o que você não sabe: a velha. Não tem a menor ideia de quanto eu o amo. O momento em que acredita compreender é o momento em que não compreende. Eu sou Deus, não homem. Você viaja pelo mundo contando às pessoas sobre mim, dizendo que sou um Deus amoroso. Mas suas palavras são pouco sinceras. Com que facilidade brotam de seus lábios! Minhas palavras são escritas com o sangue de meu único Filho. A próxima vez que você pregar sobre minha vida com uma familiaridade tão detestável, posso vir desbaratar sua reunião de oração. Quando se aproximar de mim com seu profissionalismo pedante, vou desmascará-lo e mostrar que não passa de um completo amador. Quando tentar persuadir as pessoas de que compreende aquilo sobre o que está falando, vou silenciá-lo e deixá-lo com cara de tacho! Afirma saber que eu o amo. Então posicione-se como homem. Vou lhe fazer as perguntas que terá de me responder.

"Você sabe que toda vez que afirma me amar, eu digo 'obrigado'?

"Quando um filho cheio de temor chega até você na escuridão de uma tempestade e lhe pergunta com o rosto marejado em lágrimas 'Você ainda está aqui? Você ficará ao meu lado até que a escuridão tenha passado? Você sente alguma repulsa em relação a mim por eu ser pequeno e cheio de medo? Você vai me dar para outra pessoa?', e você fica magoado e entristecido pela falta de confiança da criança, você percebe que faz o mesmo comigo? Ou não acredita que eu seja um pai no mínimo tão sensível quanto você?

"Você compreende a palavra de meu Filho: '... nada faço de mim mesmo, mas falo exatamente o que o Pai me ensinou' (Jo 8:28)? Quem você pensa que primeiro chorou por Jerusalém quando os habitantes da cidade se recusaram a receber o meu Filho?

"Você afirma saber o que Jesus e eu compartilhamos quando ele se retirou para o cume de um monte e passou a noite comigo, a sós? Você sabe de onde veio a inspiração para lavar os pés dos Doze? Ou será que isso se encontra abaixo da minha dignidade, sendo eu o distante magistrado oriental que sou? Você compreende que, motivado somente pelo amor, o seu Deus se tornou seu servo no Cenáculo? Lembre-se: 'o Filho [...] só pode fazer o que vê o Pai fazer'.

"Você tem lutado com a pergunta central de sua fé, a qual não é 'Jesus é semelhante a Deus?', mas 'Deus é semelhante a Jesus?'? Você compreende que todas as atitudes, os valores, as qualidades e as características de meu Filho pertencem a mim também; que aquele que vê Jesus vê a mim, o Pai de Jesus?

"Você se sentiu ofendido com a ordem divina dada a Abraão para que sacrificasse Isaque, seu filho unigênito, no monte Moriá? Você ficou aliviado quando o anjo interveio, quando a mão de Abraão foi detida e o sacrifício não chegou a ser consumado? Você se esqueceu de que na Sexta-feira Santa não houve a intervenção de nenhum anjo, que o sacrifício foi de fato consumado e não foi o coração de Abraão que se partiu?

"Quando a morte ceifa temporariamente o filho de um amigo seu, você o acompanha até o velório para chorar com ele e tentar confortá-lo? Qual foi a última vez que você chorou comigo e tentou me consolar por causa daquela Sexta-feira Santa? Você sabe que meu coração se partiu naquele dia de trevas? Que eu sou seu Pai, que eu sinto tanto quanto você?

"Você percebe que eu *tive* de ressuscitar Jesus dentre os mortos na manhã de Páscoa porque meu amor dura para sempre? Que eu não poderia suportar a ideia de passar a eternidade sem a presença de meu unigênito? Você confia, serenamente, que eu ressuscitarei também a você, meu filho adotado?

"Mas é claro que você está ciente de todas essas coisas. Não foi você quem acabou de me dizer que essa é velha, que já sabe que o amo?"

Qual é a qualidade de meu compromisso de fé? Há uma dinâmica e um desenvolvimento? Está vivo e em constante crescimento? Fé é um relacionamento pessoal genuíno com Jesus de Nazaré. Como todo relacionamento de amor entre seres humanos, esse relacionamento com Deus jamais pode ser estático, desgastado, estagnado, prestes a morrer. Quando a Escritura, a Eucaristia e o ministério se tornam uma rotina, estão na verdade à beira da morte. Quando se deixa de reconhecer e valorizar o amor do Pai, o que se faz é na verdade colocar Deus contra a parede e privá-lo da oportunidade de nos amar de maneiras novas e surpreendentes. Então a fé começa a murchar e a secar. Quando me torno tão desenvolvido espiritualmente que "Aba" passa a ser algo já velho e batido, o

Pai então é passado para trás, Jesus é domesticado, o Espírito é domado e o fogo do Pentecostes é extinto. A fé evangélica é a antítese da falsa religiosidade, aconchegante, confortável. Fé significa que você deseja uma intimidade cada vez maior com Jesus Cristo. Custe o que custar, você não quer desejar nada mais. No momento em que concluo que agora tenho condições de lidar com o amor assombroso de Deus, estou morto. Eu poderia conter mais facilmente o golfo do México em um martelinho de cachaça do que compreender o amor incontido e furioso de Deus.

Se nos tiverem de criticar a fé, que seja pelas razões certas. Não porque somos demasiadamente emotivos, mas porque não somos suficientemente emotivos. Não porque nossas paixões sejam tão poderosas, mas por serem tão fracas. Não porque somos demasiadamente afetuosos, mas porque nos falta amor profundo, apaixonado, sem reservas pela pessoa de Jesus Cristo.

Enquanto escrevo este capítulo, estou num retiro silencioso e dirigido, de trinta dias, nas montanhas da Pensilvânia, cobertas de neve. Graças ao meu orientador espiritual, uma palavra soou e ressoou em meu coração este mês. Jesus não disse isto no Calvário, embora pudesse ter dito, mas o está dizendo agora: "Eu estou morrendo de vontade de estar com você. Eu estou literalmente morrendo para estar com você". Era como se ele estivesse me chamando uma segunda vez. Percebi que o que eu pensava saber não passava de palha. Mal tivera um vislumbre, tampouco conseguira sonhar com o que seu amor poderia significar. Sua Palavra me conduziu a uma solitude mais profunda, não buscando o dom de línguas, de cura, de profecia ou uma grande experiência religiosa toda vez que orasse, mas simplesmente *compreendendo*, captando de forma segura "a largura, o comprimento, a altura e a profundidade, e conhece[ndo] o amor de Cristo que excede todo conhecimento" (Ef 3:18-19).

Talvez a pergunta religiosa mais fundamental que eu pudesse me fazer hoje seria: Creio de fato nas boas-novas de Jesus Cristo? Será que ouço sua palavra falando a meu coração: "Shalom, esteja em paz. Eu compreendo seus temores, suas falhas, seu dilaceramento. Não espero que seja perfeito. Já passei por tudo isso. Está tudo bem. Você tem o meu amor. Não precisa pagar por ele, nem pode merecê-lo. Espero encontrar mais falhas em você do que você espera ver em si mesmo. Você só precisa se abrir e receber. Apenas precisa dizer *sim* ao meu amor — um amor além de tudo o que você seja capaz de intelectualizar ou imaginar"?

Pai, pelo fato de eu ser amada
e de amar,
não tenho de
me explicar diante de ti.
Não tenho de
me desculpar diante de ti.
Não tenho de
me rebaixar diante de ti.
Sabes tudo a meu respeito,
e me chamas de amiga.
deleita-te em mim.
e dizes que me amas.
Pelo fato de ser amada
e de amar,

não preciso ficar prostrada
com o rosto em terra diante de ti.
Sou livre para correr
para dentro do círculo de teus braços,
que estão à minha espera,
adentrar a plenitude do teu abraço e
ser acolhida em teu regaço,
a salvo,
fortemente,
firmemente,
contra o teu coração.

Pelo fato de ser amada
e de amar,
não preciso me preocupar
com minha resposta ou falta de resposta.
Não tenho de lutar
com meu desejo de compreender.
Não tenho de lutar
com meu sentimento de indignidade.
Tudo o que tenho de fazer é
ficar sossegada,
permanecer bem perto de ti
e permitir que me ames
até recuperar minha integralidade.

Pai, às vezes
a coisa mais difícil
do mundo
é ficar sossegada,
permanecer bem perto de ti

e permitir que me ames.
Mas, pelo fato de ser amada
e de amar,
eu tento.

Aqui estou eu, Pai.
Sossegada, ao menos desta vez.
Mais perto do que jamais estive.
Esperando.
Aceitando.
Querendo.
Ama-me, Pai.

CAPÍTULO 2

Esperança ou autossugestão?

Em uma relação estreita com a qualidade da minha fé está a intensidade da minha esperança. A palavra de Jesus leva consigo a mensagem tácita de que o mundo existe para nos fazer bem. Quando você para e pensa a esse respeito, isso lhe chega como algo totalmente incomum. Na maioria dos casos, as pessoas têm a impressão de que o mundo na realidade nos causou grandes estragos e nos granjeou, comparativamente, poucos benefícios. Mas, se o Aba de Jesus nos ama, se segue em nosso encalço como um tremendo Amante[1] que (em seu Filho) está morrendo de vontade de estar conosco, então nos rendemos à ideia de que o mundo que ele criou, obra de suas mãos, existe para nos fazer bem. Significa correr o risco de permitir que outros nos façam bem. Significa ir à recepção de casamento e celebrar com a firme convicção de que não vamos ser enrolados, enganados ou desastrosamente surpreendidos.

Certa noite, no final da década de 1970, eu estava de férias num dos balneários de Nova Jersey com meu irmão (que voltou para a casa do Pai nessa ocasião, mas cuja companhia foi sempre uma deliciosa surpresa). Num sábado, ao final da tarde, fiz uma caminhada em torno de um lago artificial em Belmar, Nova Jersey. Do outro lado, havia um salão de festas chamado Barclay, que era palco de festas, convenções e recepções de casamento. Mais de cem pessoas faziam fila na porta da frente. Tinham acabado de deixar a cerimônia nupcial na Igreja de Santa Rosa e estavam antecipando a recepção. Na realidade, já havia começado. Podiam ouvir lá dentro a música e os risos, as pessoas bebendo e dançando. Eu precisava ver a expressão do rosto delas! Estavam cheias de alegria, superansiosas e empolgadas, mal conseguindo se conter e esperar, certas de que havia uma mesa reservada para elas; mal podiam esperar para entrar. Pareciam mesmo estar se dirigindo a uma festa de casamento.

Mais de cem anos atrás, o filósofo ateu Friedrich Nietzsche censurou um grupo de cristãos com as seguintes palavras: "Eca! Vocês me enojam!". Quando o porta-voz dos cristãos perguntou por que, Nietzsche respondeu: "Porque vocês, remidos, não parecem remidos. São tão cheios de temor, tão dominados pela culpa, tão ansiosos, tão confusos e tão sem direção quanto eu. Mas eu posso ser assim. Eu não creio. Não tenho nada sobre o que lançar a minha esperança. Mas vocês afirmam ter um Salvador. Por que não parecem salvos?".

Em Mateus 22, Jesus apresentou o Reino de Deus como uma festa de casamento. Você realmente acredita estar se dirigindo a uma festa de casamento que já iniciou? Você de fato acredita que Deus o ama incondicionalmente e como você é? Você está comprometido com a ideia de que a natureza do mundo deve ser de celebração? Se estiver, então, nas palavras do padre John Powell, S.J. (Sociedade de Jesus), "Por favor, avise ao seu rosto".

Não quero aqui abrandar o efeito das minhas palavras. Não estou fazendo rodeios nem me entregando à autossugestão. Sou filho de Deus, e estarei com ele em seu Reino!

Por que não entramos agora? Por sabermos que lá dentro não há um banquete perfeito, pelo simples fato de que estamos vivendo entre a cruz e a ressurreição. O cristianismo não nega a realidade do sofrimento e do mal. Em 1976, 34 homens morreram com a misteriosa doença do legionário, que assolou a Filadélfia. Na semana seguinte, 144 pessoas foram arrastadas em uma enchente repentina no Colorado; nove dias depois, 180 mil pessoas foram mortas em um terremoto não muito distante de Pequim, na China. Diante de tais tragédias, o homem com esperança confirma que a providência de Deus governa o mundo, que Jesus é o Senhor da História, que a morte não é o fim, mas, sim, um salto final para os braços estendidos, e sempre à espera, do Pai.

Depois que Jesus desceu do monte da Transfiguração, informou a seus discípulos que subiria para Jerusalém, onde seria morto e triunfaria sobre a morte. Não tinha a mínima confiança de que seria poupado do sofrimento. Se havia uma coisa de que estava seguro, era da justificação. Nossa esperança, nossa aceitação do convite para o banquete não se baseia na ideia de que estaremos livres da dor e do sofrimento. Antes, baseia-se na convicção de que triunfaremos sobre o sofrimento.

Você acredita que também viverá? Porque esse é o sentido da esperança cristã. Não se trata de um otimismo de Poliana, nem de autossugestão. Tampouco é algo que dê lugar ao desânimo, à derrota e à frustração. Ao contrário, a esperança do cristão se mantém firme e serena, confiante mesmo em face do Holocausto, mesmo diante de um câncer terminal. Por mais terrível que nos pareça a Sexta-feira Santa, temos a confiança de que o Domingo de Páscoa se encontra adiante de nós. E se de fato morrermos? Jesus morreu também; e, se Jesus morreu, cremos que agora ele vive e que nós viveremos também.

A segunda chamada de Jesus em nossa vida é uma intimação para um salto ainda mais radical em direção à esperança, um comprometimento existencial com as boas-novas da festa de casamento. Não nos percamos em teologizações abstratas, em filosofias vagas ou em jargões falsamente piedosos. Permanece a pergunta fundamental: "Será verdadeira a Palavra de Jesus Cristo?". Se já experimentamos o alvorecer de uma era escatológica, se Deus de fato estava presente em Jesus de maneira singular, se temos o privilégio de estar em contato íntimo com o Deus vivo com base na familiaridade afetuosa, então deveríamos ter o semblante iluminado pelo riso em meio a um jogo que simplesmente apreciamos demais.

Você é mesmo um homem ou uma mulher de esperança? Esperança não simplesmente em algum futuro esplêndido, mas esperança em um banquete de casamento que está ocorrendo neste exato momento.

Senhor, obrigada
por me libertares.
Estou agora livre para fazer bolhas de sabão,
soltar pipa,
escutar as conchas do mar,
acariciar gatinhos,
construir castelos de areia,

fazer pedidos às estrelas.
Obrigada
por me libertares.
Estou agora livre para sair em busca de trevos de quatro folhas,
explorar carvalhos com atrativos ramos,
correr na chuva às gargalhadas,
andar descalça,
pular em poças d'água,
acenar para os trens que passam.

Obrigada por me libertares.
Estou agora livre para matizar meu nariz de amarelo nos ranúnculos,
capturar vaga-lumes e observar seu brilho,
colher o primeiro morango silvestre,
contar as estrelas,
conversar com as joaninhas,
procurar um cardo no meio da mata.

Obrigada por me libertares.
Estou agora livre para te enxergar nos
raios de sol que bailam sobre a água,
no arbusto que lança ao céu um sorriso,
nos salgueiros que fazem reverência aos rios,
nas azaleias que flamejam por toda a terra,
nas teias de aranha multicores como o arco-íris,
nas folhas que se arrastam pelo chão.

Obrigada por me libertares.
Estou agora livre para brincar com tudo o que me deste,
para me maravilhar com essas dádivas

e amar todos esses presentes.
Estou livre, também,
para te retribuir
tudo o que me deste.

CAPÍTULO 3

AMOR

A fé indecisa e a esperança vacilante nos imobilizam na viagem rumo à plenitude da vida e do Espírito de Jesus Cristo. Se nos rendemos ao fato de que Jesus estava dizendo a verdade, então o mundo em que vivemos é mesmo um lugar emocionante. É um lugar de romance e aventura, um lugar de promessa e possibilidade, um lugar de confiança e jubilosa expectativa. Mais que isso, porém, nosso mundo é um lugar de amor. E o pior pecado que podemos cometer é o pecado contra o amor.

Se cremos na mensagem emocionante de Jesus, se depositamos esperança no fato de que seremos vindicados, deve haver amor, e devemos correr o risco de ser amados. A ideia de que Deus é amor certamente não é algo que começou com o ministério terreno de Jesus. Aliás, provavelmente não era nem mesmo exclusividade da tradição judaico-cristã. Outros homens em outras épocas e em outras partes do mundo pensaram, esperaram ou desejaram que o Deus vivo de fato os amasse. Mas Jesus acrescentou uma nota de confiança. Não disse que talvez Deus fosse amor — ou que seria interessante se Deus fosse amor. Ele disse: *Deus é amor — ponto-final*. Mas a mensagem de Jesus não fica por aí. Ele insistiu em afirmar que seu Pai é louco de amor, que Deus é um Deus maluco que mal pode suportar a ideia de ficar sem a nossa presença.

A parábola que torna essa verdade tão evidente é a do filho pródigo, ou, como hoje muitas vezes se assinala nas Escrituras, a parábola do pai amoroso (v. Lc 15:11-32).

O realce recai não na pecaminosidade do filho, mas na generosidade do pai. Devemos reler a parábola periodicamente, nem que seja para captar a delicada nuance presente no reencontro entre os dois. O filho trazia seu pequeno discurso de desculpas cuidadosamente ensaiado. Tratava-se de uma declaração de desculpas elegante, polida. Mas o velho nem o deixou terminar. O filho nem havia entrado em cena direito e uma veste nova, de excelente qualidade, lhe foi jogada aos ombros. Pôde ouvir o som da música, viu o bezerro cevado ser carregado para o salão de festas e nem mesmo teve a chance de dizer ao pai: "Sinto muito".

O tema aí presente é que Deus nos quer de volta ainda mais do que nós mesmos desejamos estar de volta e que não precisamos entrar em muitos detalhes quanto ao nosso arrependimento. Tudo o que você tem de fazer, diz a parábola, é aparecer em cena; antes de ter a chance de fugir outra vez, o Pai o agarra por suas vestes novas e o arrasta para dentro do banquete, de modo que você não consegue escapar.

Há uma passagem fascinante no capítulo 8 do evangelho de João sobre a mulher flagrada em pecado. Lembra como a multidão a arrastou até a presença de Jesus e perguntou a ele:

— O que fazemos com ela? Foi pega em adultério. Moisés diz que devemos apedrejá-la, mas os romanos não nos permitem o apedrejamento. O que lhe parece?

Jesus simplesmente os ignorou e começou a escrever na areia. Depois olhou para cima e disse:

— Bem, aquele aqui que não cometeu nenhum pecado que atire a primeira pedra.

Um a um, todos foram saindo. Então Jesus disse à mulher:

— Não há ninguém aqui para condená-la?

Ela respondeu:

— Ninguém, Senhor.

Ele respondeu:

— Tudo bem, vá e não cometa mais esse pecado.

Agora imagine a cena. Jesus não lhe perguntou se ela estava sentindo o peso da culpa. Não lhe exigiu um firme propósito de mudar de vida. Nem parecia muito preocupado com o fato de que ela poderia correr apressada para os braços de seu amante. Ela simplesmente permaneceu ali, e Jesus a absolveu antes que ela mesma pedisse.

Essa passagem foi um escândalo tão grande na igreja primitiva que, embora certamente faça parte de uma antiga tradição do evangelho, ficou de fora da história do evangelho por quase cem anos. Todos os especialistas das Escrituras afirmam que a passagem não pertence ao evangelho de João. O estilo é completamente diferente. Trata-se de uma tradição muito mais antiga, e assim por diante. Mas só foi incorporada ao evangelho de João após sua morte, porque era um escândalo. Os primeiros moralistas cristãos tinham uma ideia muito mais rigorosa do bem e do mal do que Jesus, por isso tentaram abafar o caso pelo fato de ele fazer que Jesus parecesse muito tolerante.

Essa é a essência do amor de Deus por nós — um amor que é categoricamente um escândalo, um amor que nos constrange. Por que esse nosso Deus não demonstra alguma dose de critério e prudência ao tratar conosco? Por que não mostra mais comedimento? Para ser bem sincero, será que Deus não poderia dar um jeito de ter um pouco mais de dignidade? Por favor!

Bem, se estivéssemos no lugar dele, saberíamos perfeitamente bem como nos comportar, e o filho pródigo teria recitado seu discurso até a última palavra. E, quando terminasse, teríamos dito: "Bem, pode se retirar, filho pródigo; vou pensar a respeito por umas duas ou três semanas. Depois lhe mando um aviso pelo correio para você saber se decidi ou não permitir que volte à fazenda".

Não creio que alguém aqui teria aprovado apedrejar a pobre mulher flagrada em adultério, mas todos nos certificaríamos de que ela apresentasse um ato detalhado de contrição e fosse muito firme em seu propósito de mudar de vida. Porque, se a deixássemos partir sem um pedido de desculpas, ela não voltaria a cair em adultério antes do pôr-do-sol?

Não, o amor de nosso Deus é simplesmente nobre, e, ao que tudo indica, é como ele espera que seja o nosso. Ele não só exige que aceitemos seu tipo de amor maluco, constrangedor, mas, uma vez que o aceitemos, espera que nos comportemos da mesma maneira com as pessoas. Imagino-me capaz de viver, se fosse preciso, com um Deus cujo amor por nós é constrangedor. Mas a ideia de que eu tenha de agir dessa maneira com as pessoas... essa é um pouco difícil de engolir.

Talvez o ponto de partida mais simples, embora certamente não o mais fácil, seja eu mesmo. Carl Jung, o grande psiquiatra, manifestou certa vez a opinião de que todos estamos familiarizados com estas palavras de Jesus: "O que vocês fizeram a algum dos meus menores irmãos, a mim o fizeram" (Mt 25:40). Depois Jung fez uma pergunta bastante profunda: "E se você descobrisse que o menor dos irmãos de Jesus, aquele que mais necessita de seu amor, aquele a quem você pode ajudar mais com seu amor, aquele para quem o seu amor terá mais valor — e se você descobrisse que esse menor dos irmãos de Jesus... é *você*?".

Faça então por você o que faria pelos outros. E aquele saudável amor-próprio que Jesus recomendava quando disse "Amarás o teu próximo como a ti mesmo" poderia começar com o reconhecimento simples: "Qual é a história do meu sacerdócio? É a história de um homem infiel por meio de quem Deus continua a trabalhar!". Essa palavra é não somente um consolo; é libertadora, ainda mais para aqueles de nós tomados pela opressão de pensar que Deus só trabalha por meio de santos. Que palavra de cura, perdão e consolo para muitos de nós, sacerdotes, ao descobrirmos que somos vasos de barro que cumprem a profecia de Jesus: "Asseguro-lhe que ainda hoje, esta noite, antes que duas vezes cante o galo, três vezes você me negará".

O Senhor está agora me chamando uma segunda vez, me afirmando, me capacitando, me incentivando, me desafiando o tempo todo até a plenitude da fé, da esperança e do amor no poder de seu Espírito Santo. Homem ignorante, fraco, pecaminoso que sou, com justificativas fáceis para meu comportamento pecaminoso, sou mais uma vez informado, na língua inconfundível do amor: "Estou com você, sou por você, estou em você. Conto mais com as falhas que vêm de você do que as que você espera encontrar".

Há um pecado contra o amor que merece menção especial, por ser tão decisivo no segundo chamado de Jesus Cristo: a procrastinação. Ou seja, postergar as ações, desperdiçando as energias da vida e do amor que estão dentro de nós. Não é preciso que você esteja há muito tempo no ministério para descobrir que a maioria de nós gasta boa parte do tempo adiando as coisas que devemos fazer, ou gostaríamos de fazer, ou queremos fazer, mas temos medo de fazer. Temos medo de fracassar. Não é algo que apreciamos; antes, rejeitamos, evitamos, por causa de nosso desejo desmedido de passar uma boa imagem às pessoas. Assim, inventamos mil desculpas brilhantes para não fazer nada. E assim também recai sobre nós o juízo do Grande Senhor Executor da ópera cômica O *Mikado* sobre a menina que procrastinava perpetuamente: "Nunca ninguém sentirá sua falta; não, nunca se sentirá sua falta!".

Cada um de nós precisa pagar um alto preço pelo medo de ficar com cara de tacho. Assim asseguramos o estreitamento progressivo de nossa personalidade e dizemos *não* à exploração e à experimentação. À medida que envelhecemos, fazemos apenas o que fazemos bem. Não há nenhum crescimento em Cristo Jesus sem dificuldades e hesitação. Para continuar crescendo, precisamos continuar arriscando experimentar fracassos por toda a vida. Quando Max Planck recebeu o Prêmio Nobel pela descoberta da teoria quântica, ele disse: "Ao olhar para trás e perceber o longo e labiríntico percurso que por fim conduziu à descoberta, sou vividamente lembrado da afirmação de Goethe de que os homens sempre cometerão erros enquanto estiverem empenhados em alguma atividade".

Como você sabe, ainda que o cristianismo nos traga uma mensagem de cruz, de redenção e de pecado, não estamos dispostos a admitir que fracassamos na vida. Por quê? Em parte, imagino eu, por ser um mecanismo de defesa da natureza humana contra as próprias incapacidades. Mais ainda, porém, isso se deve à imagem de bem-sucedidos que nossa cultura exige de nós. Há alguns problemas sérios com essa história de projetarmos a imagem perfeita. Em primeiro lugar, simplesmente não é verdade — nem sempre somos felizes, otimistas, no controle da situação. Em segundo lugar, projetar a imagem impecável nos impede de alcançar as pessoas que acham que simplesmente jamais as entenderíamos. Em terceiro lugar, ainda que pudéssemos viver sem nenhum conflito, sofrimento ou erros, seria uma existência irrelevante. O cristão com profundidade é a pessoa que fracassou e aprendeu a viver com seu fracasso.

A procrastinação talvez seja o pior e mais prejudicial fracasso. Nós que cremos em Jesus, que esperamos ser vindicados, que proclamamos o amor do Pai celeste, desperdiçamos nosso tempo tentando evitar o que há de mais importante porque temos medo de fracassar no desempenho dessas atividades. Quanta fé, quanta esperança, quanto amor o eterno procrastinador tem de fato?

À medida que prossegue pela vida, se você adquire qualquer grau de autopercepção, qualquer tipo de introspecção honesta em sua personalidade, sabe muito bem quais são suas fraquezas. Você sabe como fugirá da responsabilidade de experimentar a fé, a esperança e o amor que Jesus oferece. Se for honesto, saberá que não pode usar ninguém como bode expiatório, transferindo assim a culpa para outra pessoa. Sabemos que, quando chegar a hora de prestarmos contas de nossa vida, seremos culpados ou elogiados não por aquilo que o televangelista fez, não pelo que o bispo fez, não pelo que o pastor fez (a menos que sejamos o pastor) — seremos responsabilizados ou elogiados segundo a nossa aceitação ou rejeição do convite para crer na mensagem.

Em última análise, o verdadeiro desafio do crescimento cristão é a responsabilidade pessoal. O espírito de Jesus nos convoca uma segunda vez. Você vai assumir a responsabilidade por sua vida hoje? Assumirá a responsabilidade pelas coisas que faz? Crerá nas Boas-novas não porque foi obrigado, mas porque quer mesmo crer? Você se agarrará à esperança não porque as pessoas mandaram que o fizesse, mas porque está seguro de que será vindicado? Você amará não porque é um mandamento, mas porque é uma alegria? Você se dirigirá àquele banquete porque realmente acredita que ali há festa? Você irá para aquele banquete para o qual Jesus o convidou em nome de seu Pai? Ou, num ato de responsabilidade heroica, mas desorientada, você dirá: "Sinto muito, Jesus, mas não acho que vou me agradar da sua festa"?

Talvez estejamos todos na posição do homem da história de Morton Kelsey, quando chegou à beira de um abismo instransponível. Parado ali, pensando qual seria o próximo passo, ficou muito surpreso ao descobrir que havia uma corda bamba esticada de um lado a outro do abismo. E, lentamente, mas também de forma segura, veio pela corda bamba um acrobata empurrando um carrinho de mão que conduzia outro artista. Quando por fim alcançaram a segurança da terra firme, o acrobata sorriu diante da perplexidade do homem. "Não acredita que eu possa fazer isso de novo?". O acrobata mais uma vez lança a pergunta; tendo recebido a mesma resposta, apontou para o carrinho de mão e disse: "Bem! Suba no carrinho, que eu o levo até o outro lado".[1]

O que fez o viajante? É exatamente a mesma pergunta que temos de nos fazer sobre Jesus Cristo. Será que declaramos nossa crença nele de maneira absolutamente segura, mesmo em credos primorosamente articulados, para depois nos recusarmos a subir no carrinho de mão? A maneira de agirmos em relação ao senhorio de Jesus dá mais mostras de nossa fé do que podemos imaginar.

O que o mundo anseia encontrar na fé cristã é o testemunho de homens e mulheres audazes o bastante para ser diferentes, humildes o bastante para cometer erros, selvagens o bastante para ser queimados no fogo do amor, verdadeiros o bastante para fazer os outros perceberem como eles são irreais.

Jesus, Filho do Deus vivo, unge-nos com fogo no dia de hoje. Que a tua Palavra não brilhe em nosso coração; antes, que ela arda. Que não haja divisões, concessões ou retenções. Separa os místicos dos românticos e impulsiona-nos para aquele salto altamente temerário no abismo do teu amor. Que a oração de Nikos Kazantzakis brote do nosso coração como o som apaixonado de uma percepção amorosa:

> Sou um arco em tuas mãos, Senhor.
> Dobra-me, para que eu não me deteriore.
> Não me dobres demais, Senhor. Posso quebrar.
> Dobra-me além da conta, Senhor, e que me importa se eu quebrar?

Senhor, tu és a pessoa
mais imprevisível
que eu conheço.
Bem na hora que imagino
ter finalmente começado
a te entender e a descobrir quem és,
fazes algo
tão extraordinário,
tão completa e fantasticamente
inesperado,
que eu fico de novo aturdida.

Imagino saber onde te encontrar
e então, de repente, te encontro
nos lugares mais improváveis;

nos momentos mais inacreditáveis;
nas pessoas mais desconhecidas.
Imagino conhecer tua voz;
e então te ouço
na cantiga de ninar sussurrada a uma criança,
na risada discreta de um velho,
no suspiro de um amante.

Imagino conhecer tua face;
e então te vejo
numa das alas de algum hospital psiquiátrico,
em algum albergue superlotado,
nas ruas, vagueando sem direção definida.

Imagino conhecer-te bem;
e então descubro
que simplesmente não te conheço.

Imagino conhecer teu amor;
e então descubro
que nem comecei a conhecê-lo.

Obrigada, Senhor,
por seres imprevisível.
Obrigada por me surpreenderes,
tirando-me dos confortos da minha rotina.
Continua a ensinar-me
que és um Deus
de surpresas infinitas.

CAPÍTULO 4

A BELEZA LITÚRGICA DA EUCARISTIA

Presenciei algumas coisas lindas recentemente. Viajando de carona pelos Alpes italianos, vi um pico coberto de neve ao amanhecer. Em Florença, fiquei boquiaberto por duas horas diante do *Davi* de Michelangelo, sem noção de tempo, até um guarda abruptamente me informar que o museu estava por fechar e era hora de ir embora. Correndo ao longo das praias de Jersey, vi um sol ardente descendo em meio à escuridão que se formava. Em geral, experimentamos a beleza primeiro nas coisas que nos cercam. Às vezes em coisas facilmente perceptíveis, outras vezes na transparência de um olhar ou de um relance que revela uma alma repleta de luz. Sempre que encontramos o belo, nosso coração desperta, estremece, aviva-se, experimenta emoções, porque há um poder extraordinariamente mágico nas menores coisas: uma planta minúscula que floresce na primavera, uma sombra do céu em determinado momento do dia, uma noite calma e fria a brilhar com o fulgor das estrelas — tudo o que arrebata o coração. São uma pequena mostra do Paraíso Perdido na terra, onde tantas coisas estão dilaceradas ou a esfacelar-se. São pequenos oásis no vasto deserto do mundo.

Agostinho, em seu comentário sobre o salmo 148, "Deus é manifesto pelos céus e pela terra", perguntou: "Deus proclama a si mesmo nessas maravilhas?". E então respondeu:

> Não, todas as coisas o proclamam, todas as coisas falam. A beleza delas é a voz pela qual anunciam Deus, pela qual cantam: "Tu é que me criaste belo, não eu mesmo, mas tu". Quando os céus e a terra bradam bem alto dessa maneira? No momento em que descobres aquilo que escondem. É quando refletes a respeito deles. É a atenção com a qual os consideras que os faz alçar a voz bem alto: "Quão belo é aquele que nos criou". Lembra-te de Jesus, que nunca cessou de se maravilhar com a beleza da criação: "Vejam ali aquele pequeno lírio. Digo-lhes que nem Salomão, em toda a sua glória, jamais se apresentou em tamanha beleza".

O cardeal Newman conta como, quando criança, imaginava que por trás de cada flor houvesse um anjo que a fazia crescer e florescer. Mais tarde na vida, ele escreveu: "A realidade é mais profunda. É o próprio Deus que pode ser descoberto na beleza das coisas que se podem perceber com os sentidos".

Ainda mais impressionante e cativante é o novo mundo de beleza revelado na dignidade de uma alma humana por meio de uma palavra, um relance, um gesto. Estou pensando no pedinte de *Dom Juan*, de Molière. Está sentado numa esquina quando vê passar ali um nobre. É dom Juan, um homem amargo, de fortuna e caráter arruinados.

— Uma esmola, pelo amor de Deus — grita o pedinte.

Dom Juan para, enfia a mão no bolso, e segura sua última moeda de ouro por sobre os braços estendidos do pedinte.

— Blasfeme contra Deus, que lhe dou a moeda.

O pedinte baixa as mãos outrora erguidas.

— Não, meu senhor — responde calmamente. — Blasfemar, não.

Foi o que bastou. Mas algo simplesmente extraordinário! Um gesto assim é mais belo que um céu crivado de estrelas, que mil sinfonias, que um *Davi* de Michelangelo, que uma Torre Eiffel ou uma *Mona Lisa*. Tomás de Aquino disse que o esplendor de uma alma justa é tão sedutor, que suplanta a beleza de todas as criaturas.

É difícil falar de beleza sem falar de Francisco de Assis. Sua personalidade refletia uma sobejante medida da beleza transcendente de Deus. Se Deus é um oceano infindável de beleza, Francisco era um pequeno manancial a jorrar, como o mundo jamais vira antes. Seus gestos são a revelação de sua alma. Um dia, ele chega à praça da aldeia. Uma grande multidão o seguia. Como todo mundo bem sabia, o sacerdote da aldeia não vinha levando uma vida regrada. À medida que Francisco se aproxima da praça, o sacerdote casualmente está saindo da igreja. A multidão observa e aguarda. O que Francisco fará? Denunciará o sacerdote pelos escândalos que tem criado? Passará um sermão nos aldeães a respeito da fragilidade humana e da necessidade de compaixão? Ou simplesmente fingirá que não viu o sacerdote e continuará seu caminho? Não. Ele dá um passo adiante, ajoelha-se no barro, toma a mão do sacerdote e a beija. Foi o que bastou. E que coisa estupenda! Mais para o fim da vida, Francisco junta dois ramos — um representa um violino, e o outro, um arco. E que melodia maravilhosa ele executa! Interiormente, é claro. Mas o que é a música de Mozart e de Bach ao lado disso? As palavras e os gestos de Francisco são manifestações de uma alma completamente entregue a Deus. Ao vermos a beleza jorrando de sua alma, percebemos de novo a verdade das palavras do romancista francês Léon Bloy: "A única tristeza real na vida é não ser santo".

Não estranha nem um pouco dizer que essa mulher é atraente ou que aquela é estonteante por causa de uma silhueta esguia e feições delicadas, mas a mulher bonita transmite um encanto que roupas e cosméticos, forma e fisionomia jamais podem produzir. O santo francês do século VIII Benedict Joseph Labre era um homem feio segundo os padrões mais convencionais. Ainda assim, sabe-se que, por onde quer que andasse, pintores de rua imploravam para que posasse para um retrato, de tão encantados que ficavam com a beleza translúcida de seu rosto magro e circunspecto. Alto grau de santidade também seduz os artistas — pelo menos aqueles que aprenderam a reconhecer e a admirar a dignidade humana.

Os pais gregos e latinos da igreja lançaram a pergunta: poderia a beleza de Jesus ter se mantido enquanto sofreu tudo o que tinha sido previsto a respeito do Servo Sofredor na profecia de Isaías — Homem de Dores assassinado por nós, sangrando, desprezado, desfigurado, um verme e não um homem, que conheceu o extremo da agonia como nenhum homem jamais sonhou conhecer? A crucificação seria realmente bela? Para os que enxergavam somente a tragédia externa, Jesus desnudado e cravejado, ladeado por dois criminosos, sangue jorrando de cada ferida e poro de seu corpo, foi na realidade um espetáculo horrendo. E por essa razão, com a ascensão de Constantino, a crucificação foi abolida por ser considerada brutal e desumana. Mas a morte de Jesus não se resume a isso somente. Há no interior a beleza luminosa e transcendente de sua alma, e jamais nos podemos esquecer dela. O corpo de Jesus foi pendurado, quebrado, lavado em sangue, mas sua alma foi enobrecida por uma imensa dignidade, mergulhada num amor que iluminou, transformou e transfigurou seu sofrimento e morte. Esse foi o mais poderoso ato de amor que jamais brotou de uma alma humana. Com toda a certeza, a crucificação foi externamente uma atrocidade brutal, desumana, mas foi linda por causa dos sentimentos da alma de Jesus — obediência inabalável à glória de seu Pai e amor ilimitável pelos homens. Foi por causa dessas disposições no momento de seu último suspiro que esse último suspiro conquistou a remissão dos nossos pecados e garantiu nossa redenção. "Jamais se esqueça", disse Cirilo de Alexandria, "de que aquilo que dá valor a um sacrifício não é a renúncia que ele exija, mas o grau de amor que inspira a renúncia". Que dizer então da beleza de Jesus na cruz? Os anjos podiam contemplá-la. Jesus foi desfigurado, mas algo transfigurou todas as coisas. Naquele momento, a alma humana de Jesus arrebatou o coração do Pai celeste por causa da prodigalidade sem limites de seu amor. Você é capaz de contemplar a cruz, ver Jesus nos estertores da agonia e da morte, espancado e intimidado, açoitado e cuspido por uma multidão de desumanos e ouvi-lo dizer "Pai, perdoa-lhes, porque não sabem o que fazem" sem ficar profundamente estupefato diante do encanto e da graça dessa pessoa?

O que dizer de nossas celebrações eucarísticas? São belas aos olhos do Pai? Responda "não" se as canções, as palavras e os gestos são refinamentos cerimoniais e novidades litúrgicas desprovidos de toda essência e interioridade. Então, nas palavras de Paulo, ainda que você esteja cheio de todo conhecimento e de uma fé que possa mover montanhas, sua Comunhão soa como um sino a ressoar e um prato a tinir. Mas responda "sim" caso a palavra, a música e o movimento forem a expressão externa da atitude interior de sua alma, se forem o transbordar da intensa generosidade de seu amor, se seu coração está unido ao de Cristo enquanto ele renova sem sangue o drama do Calvário. A *beleza da liturgia eucarística, como a do Calvário, é essencialmente interior.*

Senhor, não sou livre —
mas quem quer ser?
Tu és tudo o
que importa
em minha vida.
Não quero estar livre
de minha fome por teu pão.
Não quero estar livre
de minha sede por tua palavra.
Não quero estar livre
de meu desejo por tua vontade.
Não quero estar livre
de meu anseio por tua presença.
Não quero estar livre
de minha necessidade
de ser aceito por ti,
controlado por ti,
unido a ti.

Senhor, que eu jamais
esteja livre de te querer.

CAPÍTULO 5

Reflexões sobre o Natal em O'Hare

Estamos em uma gélida noite de inverno, e o tumulto se instalou no Aeroporto Internacional de O'Hare. Todos os voos foram cancelados. A visibilidade é precária em virtude do nevoeiro, da geada e da chuva congelante. Milhares de pessoas estão aglomeradas nos balcões de atendimento; algumas vociferando sua exigência de reparação; outras submersas num silêncio estoico. Há crianças chorando, os alto-falantes não param de estrondar recados e notícias e os derrotados estão rumando, ávidos, para o bar. O meu tumulto é mais brando. Como as Boas-novas podem ser proclamadas em Dallas se o tempo não se ajeitar em Chicago?

Do outro lado do corredor, vejo sentada uma mulher negra de meia-idade a embalar uma criança. E não é só um leve sorriso que esboça nos lábios. Está rindo. Será que está rindo de verdade? Intrigado, atravesso o corredor e me vejo olhando fixamente para a mulher. Ela passa os dedos pelos lábios da criança, que lança um "Brr, brr" a plenos pulmões. Ela então olha para cima.

— Minha senhora, a senhora é a única pessoa deste lugar que parece manter a compostura. A senhora se importaria de me dizer o que a deixa tão tranquila?

— *Antão* — disse ela. — O *Natar* tá *chegano*, e aquele Jesus me faz rir!

Agradeci a resposta, voltei para o outro lado do corredor e me deixei cair no banco. "O *Natar* tá *chegano*, e aquele Jesus me faz rir!", repeti. Será que passei a levar a vida muito a sério? Será que na confusão do dia a dia permiti que se dissipasse o meu senso pueril de maravilhamento? Será que parei de atentar para o pôr-do-sol e o arco-íris? Será que me perdi tanto em pregar, ensinar, escrever, viajar, que já não ouço o som da chuva no telhado? Quanto tempo faz que deixei de fazer bolinhos de areia na praia e de soltar pipa? Será que estou interpretando as profecias carismáticas de provação e tribulação, desolação e privação como uma sentença de morte? Será que comecei a me incomodar com as palavras de Jesus sobre seguir na vida o exemplo dos pássaros e das flores? Será que me irrito com as pessoas, como a mulher do outro lado do corredor, que não parece perceber como a vida é de fato séria? Será que levar a vida a sério passou a significar levar uma vida de tristeza? Será que *viver* é apenas outra palavra para *resistir*?

No seminário, ensinaram-me que o nome *Isaque* (*Yitzhaq*, em hebraico) significa "riso". Abraão e a mulher, Sara, tinham deixado de confiar na promessa de Deus de que teriam um filho. Quando Sara soube que logo engravidaria, riu por descrer. Mas Deus riu por último. Tiveram um filho na velhice, e o riso humano sem felicidade tornou-se no riso de amor do Pai. Deram ao filho o nome de Isaque – riso –, pois ele era um sinal do triunfo da leveza de Deus sobre a gravidade do homem.

Isaque, o filho da promessa feita a Abraão, era um prenúncio profético de Jesus, em quem a promessa se cumpriu. Jesus é o riso final de Deus. O riso é a celebração da incongruência. Nada podia ser mais incongruente na tradição hebraica do que a encarnação da Palavra por meio de uma virgem.

O Natal é a promessa de que o Deus que surgiu na História e chega diariamente em mistério um dia virá em glória. Deus está dizendo em Jesus que um dia tudo estará bem. Nada pode prejudicar você permanentemente, nenhum sofrimento é irrevogável, nenhuma perda é irreparável, nenhuma derrota é mais que transitória, nenhuma decepção é definitiva. Jesus não negou a realidade do sofrimento, do desânimo, da decepção, da frustração e da morte; simplesmente declarou que o Reino de Deus venceria todos esses horrores, que o amor do Pai é tão pródigo que nenhum mal jamais poderia resistir a ele.

O Natal é uma visão a permitir que os cristãos enxerguem além do elemento trágico da vida. É um lembrete de que precisam do riso de Deus para impedir que levem o mundo muito a sério. A lei cristã da leveza diz que o que quer que caia na terra subirá outra vez. O riso de Deus é seu ato amoroso de salvação, e o riso cristão é o eco da alegria do Natal presente em nós.

Se você de fato aceita o mistério de Belém, "boas-novas de grande alegria", seu coração ficará cheio do riso do Pai. "... agora é hora de tristeza para vocês, mas eu os verei outra vez, e vocês se alegrarão, e ninguém lhes tirará essa alegria" (Jo 16:22).

Ó Carey Landry, seria isso que você tinha em mente quando escreveu aquela canção do álbum *Abba, Father* [Aba, Pai]: "E o Pai dançará como num dia de alegria"?

Enquanto se aproxima o Natal, aproxime-se do Pai e pergunte: "Aba, por que estás dançando?". Veja-o estender a mão direita em direção à manjedoura na cidade de Davi e dizer: "O *Natar* tá *chegano*, e aquele Jesus me faz rir!".

Oro para que você tenha um lindo Natal. Ho-ho-ho!

Senhor, por muito tempo
pensei em ti
como um homem
que nunca sorriu.
Receio que
muitas pessoas
ainda pensem em ti
dessa maneira,
e isso é uma lástima.

Porque um homem
que jamais sorrisse
teria de ser
menos que humano.
E essa é a essência
da Boa-nova —
que te tornaste homem.

Senhor, eu sei que
deves ter sorrido muito.

Eu sei que deves ter sorrido
para crianças que encontraste brincando;
ou enquanto elas te escalavam
para alcançarem teu colo;
ao se pendurarem em tuas vestes
e se agarrarem em tuas mãos.

Sei que deves ter sorrido
ao veres os cordeiros
brincando sobre os montes,

enquanto fazias tua trajetória
de uma vila para outra.

Sei que deves ter sorrido
animando e reconfortando
todas as pessoas
que te procuraram,
atemorizadas e preocupadas,
mas buscando-te,
confiantes,
crendo.

Sei que deves ter sorrido
com prazer
diante da beleza do mundo
que criaste.

Sei que deves ter sorrido
para teus discípulos,
transmitindo confiança e conforto,
enquanto se sentavam e escutavam
tuas palavras.

Sei que deves ter sorrido,
muitas vezes e com amor,
para tua mãe.

Senhor, eu sei que sorris para nós.
E teu sorriso
brilha mais que o sol.
Quando os dias parecem escuros e sombrios,

e tudo parece sombrio,
ajuda-nos, Senhor,
a recordar
a glória de teu sorriso.

CAPÍTULO 6

Perdão

"Perdoa as nossas dívidas, assim como perdoamos aos nosso devedores."

Esta petição da Oração do Senhor é precedida pela oração "seja feita a tua vontade". A vontade de nosso Pai celeste é que perdoemos da mesma maneira que somos perdoados, que sejamos generosos para com as pessoas na medida da generosidade de Deus para conosco.

Debate-se muito hoje na igreja sobre o que significa ser carismático, renovado, avivado ou cheio do Espírito. Às vezes a observação "Ele está no Espírito" dá a entender que a pessoa ora em línguas, entrega profecias poderosas, profere homilias inspiradoras ou tem o dom de cura. O único sinal da pessoa cheia do Espírito Santo que, eu sei, foi dado por Jesus acha-se em Mateus 5:

> "Vocês ouviram o que foi dito: 'Ame o seu próximo e odeie o seu inimigo'. Mas eu lhes digo: Amem os seus inimigos e orem por aqueles que os perseguem, *para que vocês venham a ser filhos de seu Pai que está nos céus. Porque ele faz raiar o seu sol sobre maus e bons e derrama chuva sobre justos e injustos*" (grifos do autor).
>
> Mateus 5:43-45

Ninguém pode ser filho do Aba de Jesus sem ser ungido pelo Espírito Santo. "E, *porque vocês são filhos*, Deus enviou o Espírito de seu Filho ao coração de vocês, e ele clama: '*Aba*, Pai'. Assim, você já não é mais escravo, mas filho; e, por ser filho, Deus também o tornou herdeiro" (Gl 4:6-7, grifos do autor).

Em "The Pater Noster as an Eschatological Prayer" ["O Pai-nosso como oração escatológica"], o célebre estudioso da Bíblia Raymond E. Brown disse:[1]

> O motivo pelo qual o cristão pode até mesmo chegar a apresentar essa petição ['Perdoa as nossas dívidas'] é a consciência que ele tem da paternidade de Deus.

A prova por excelência de que o cristão experimentou o perdão insuportável e a paciência ilimitada de Deus é que ele pode perdoar e ser paciente com as outras pessoas. Ele pode até ter outros dons, mas esse sinal dado por Jesus marca sua vida como uma vida "no Espírito".

Como disse o autor Francis Macnutt: "Se o Senhor Jesus Cristo o lavou em seu sangue e lhe perdoou todos os pecados, como ousa recusar-se a se perdoar?". Ódio de si mesmo é pecado. Qualquer coisa que cause divisão no corpo de Cristo é pecaminosa. Quando estou dividido dentro de mim mesmo, quando fico tão preocupado com meus pecados, egocentrismo e fracassos morais, que não consigo ouvir o grito angustiado das pessoas, então sutilmente restabeleci o meu eu como o centro de meu foco e preocupação. Segundo a Bíblia, isso é idolatria.

Recentemente um homem se aproximou de mim no terminal do Aeroporto Internacional de Kansas City e me perguntou: "Padre, posso me confessar?". Ele começou revelando que era padre. Depois, dilacerado pela dor, falou de seus doze anos de afastamento de Deus, sua vida de bebedice, devassidão, hipocrisia, ódio próprio. As lágrimas rolavam pelo rosto. Foi uma confissão muito, muito, mas muito pesada. No meio dessa confissão, estendi os braços e o abracei, chorando: "Pare, pelo amor de Deus, pare. Chega. Ele conhece seu coração e o compreende. Todos os seus pecados são perdoados. Fique em paz e não peque mais". Com os dois aos prantos, pedi que orasse o salmo 116 em agradecimento, absolvi-o, e ele partiu. Já no avião com destino a Des Moines, me fiz a seguinte pergunta: "Brennan, você faria a você mesmo o que acabou de fazer a seu irmão?". Depois ouvi as palavras do padre/psicólogo Adrian van Kaam como que pela primeira vez: "Uma atitude bondosa para com o meu eu frágil e precioso, conforme determinada por Deus de maneira singular, constitui o cerne da minha atitude bondosa para com as pessoas, além de ser a principal condição para eu estar presente com Deus".

Com a ajuda do padre Francis Martin durante um curso bíblico em Loyola, em Nova Orleans, aprendi que os únicos quatro lugares do Novo Testamento em que ocorre a frase "Seja feita a tua vontade" são no contexto de *martírio*. Em Mateus 26:42, Marcos 14:36 e Lucas 22:42, Jesus está no jardim do Getsêmani. À medida que se aproxima de seu martírio, ele ora a seu amado Aba: "não seja feita a minha vontade, mas a tua". E cumpre a vontade de seu Pai no Calvário, dizendo: "Pai, perdoa-lhes, pois não sabem o que estão fazendo" (Lc 23:34).

Depois, em Atos 21:13-14, Paulo anunciou que estava pronto para o martírio: "Por que vocês estão chorando e partindo o meu coração? Estou pronto não apenas para ser amarrado, mas também para morrer em Jerusalém pelo nome do Senhor Jesus". Como não pudemos dissuadi-lo, desistimos e dissemos: "Seja feita a vontade do Senhor".

O romance de Colleen McCullough *Pássaros feridos*, um verdadeiro campeão de vendas, começa com a lenda de um pássaro que canta uma única vez na vida – e canta mais docemente que qualquer outra criatura na face da terra. Desde o momento em que o pássaro deixa o ninho, ele busca um espinheiro, recusando-se a descansar enquanto não o encontre. Depois, cantando entre os ramos selvagens, o pássaro se espeta por sobre o espinho mais longo e mais afiado. E, ao morrer, eleva-se acima da própria agonia ao cantar mais lindamente que a cotovia e o rouxinol.

Uma canção superlativa, pelo preço da vida.

O mundo todo silencia para ouvir o Aba de Jesus sorrir, pois o melhor é comprado pelo preço de grande dor.

Neste momento, em minha lenda pessoal, o martírio não parece exigir que eu marche até os leões por Cristo ou o leve ao Zaire ou à Nicarágua como missionário. O chamado que eu ouço profundamente dentro de mim é para revelar seu amor perdoador àqueles meus devedores. Custa muito orar "Seja feita a tua vontade": morte ao velho homem, superação de mágoas e ressentimentos de longa data, abandono de lembranças amargas e hostilidades justificáveis, alcançando com a reconciliação aqueles que me abandonaram, me depauperaram e me arruinaram.

Talvez seja por isso que as únicas quatro vezes que "Seja feita a tua vontade" ocorre no Novo Testamento são no contexto do martírio. Quanto mais velho eu fico, mais percebo a verdade do adágio que diz: "É mais fácil morrer por Cristo que viver por ele".

Senhor, livra-me
dos cheios de justiça própria.
Livra-me dos
que acreditam saber mais que os outros.
Que acreditam que somente eles
podem compreender teus caminhos.
Que acreditam que somente eles
podem interpretar tua palavra.
Que se lamentam e rangem os dentes
pelos pecados do mundo,
mas não conseguem enxergar os seus.

Que insistem com as pessoas
que abracem a mansidão e a humildade,
mas não seguem o próprio conselho.
Que dissertam longamente sobre o amor,
mas não o praticam.
Que pregam a misericórdia e a compaixão,
mas não as demonstram.
Que insistem em afirmar que só eles
detêm a chave
que destrava a porta
de teu Reino.
Que insistem em dizer que somente eles
encontraram o caminho
no qual podes ser seguido.

Senhor, livra-me de mim mesma.
Eu, também, sou um desses.

CAPÍTULO 7

Por favor, examine esta profecia

Fui usado bem poucas vezes pelo Senhor no ministério profético (acredito que três vezes em dez anos); por isso, sei que não tenho o que Paulo chamou de um dom "posto à prova" (cf. 1Ts 5:19-21). Talvez essas palavras se destinassem somente a mim. Por isso, submeto a história seguinte ao discernimento do leitor. Se despertar sua mente e comover seu coração, faça então o que exigir a obediência à Palavra.

A história se inicia com a seguinte reflexão: "A principal causa da migração dos índios *delawares* e *shawnees* rumo ao Oeste, saindo de Susquehanna para Ohio, foi a devassidão causada pelo tráfego de rum dos comerciantes brancos de índios".[1]

Repetidas vezes, os chefes sábios da tribo denunciaram o tráfego que estava roubando a caça de seus caçadores, a masculinidade de seus guerreiros e a virtude de suas mulheres. Mas o rum continuava a correr solto e penetrava a maioria das aldeias indígenas. Os chefes continuavam a se opor à venda do rum, que eles consideravam a maldição mais terrível do homem branco. Mas de nada valeram suas objeções. Os comerciantes foram ficando cada vez mais ricos, e os índios começaram a levar uma vida de libertinagem.

Scarouady, chefe da tribo Oneida e amigo dos colonos ingleses, numa tentativa de deter os comerciantes brancos de índios de conduzirem seu povo à devassidão, fez um discurso no primeiro conselho indígena em Carlisle, na Pensilvânia, em 28 de setembro de 1753.[2]

> Desejamos que a Pensilvânia e a Virgínia deixem de se estabelecer em nossas terras além dos montes Allegheny. Antes, recomendamos que chamem seu povo de volta para este lado das montanhas, para que não haja danos e vocês não venham a pensar mal de nós. [...]
>
> Seus comerciantes agora trazem pouca pólvora, chumbo e outros bens valiosos. O rumor é a nossa ruína. Imploramos que impeçam sua chegada em quantidades tão grandes, regulando assim os comerciantes. Quando chegam esses comerciantes de uísque, trazem trinta ou quarenta barris, os depositam diante de nós e nos embriagam; depois, tomam todas as peles que deviam ser destinadas para pagamento das dívidas que contraímos por artigos comprados de comerciantes justos, e dessa maneira não apenas arruinamos a nós mesmos, mas também aos comerciantes justos. Esses vendedores perversos de uísque, depois de conseguirem embriagar os índios, fazem-nos vender a própria roupa do corpo. Em suma, se tal prática continuar, seremos fatalmente arruinados.

O que trago para a minha congregação, minha comunidade de oração? Pólvora e outros bens valiosos como compaixão, paciência, amor, fé profunda, um espírito de oração?

Ou o uísque que os destruirá? O rum de um espírito rixoso, uma disposição à desilusão, uma língua ferina, lembranças amargas, indiferença, um sorriso cínico, uma atitude cética, um coração desamorado?

Todos chegamos à comunidade cristã como comerciantes em busca de uma fé mais profunda, de paz interior, de sentir fortemente a presença de Deus, de apoio, de ânimo e da compreensão de nossos irmãos e irmãs. Em troca, oferecemos uma mente aberta, um coração grato, um espírito manso, compaixão pelos dilacerados, ânimo para o fraco, apoio para o forte, amizade a todos e uma sede de Deus.

Chegamos não para sermos um fardo para os irmãos, não para tirá-los de Susquehanna para Ohio, não de nossa comunidade de oração para outra, não para prejudicá-los de modo que pensem mal de nós, mas para construir o corpo carregando seus fardos, aliviando seu espírito, enriquecendo sua fé, tornando tudo mais fácil para que eles creiam, confiem e amem. Abandonamos e esquecemos a manipulação, as manobras para nos instaurarmos no poder, as panelinhas, a preocupação com nós mesmos, sendo tudo isso transformado em um interesse sincero pela glória de Deus e pelo bem dos irmãos.

Não, não posso migrar de Susquehanna a Ohio porque, como o Pequeno Príncipe respondeu à raposa: "*Je suis responsible de ma rose*". Sou responsável por aqueles a quem amo. Se eu e os outros partimos, mas a prática continua, a comunidade será inevitavelmente arruinada. Há vendedores perversos de uísque, falsos amigos que riem quando rimos, mas não choram quando estamos em dor. Há comerciantes egoístas que lucram com nossa sabedoria, nossos dons espirituais, nossa força, mas desaparecem quando estamos confusos, divididos ou rejeitados.

Não é algo que falo de mim mesmo, mas é a Palavra daquele que me enviou. É o Senhor Jesus Cristo chamando seu povo à unidade – para que todos sejam um –, como tu, Pai, és em mim, e eu em ti, para que sejam aperfeiçoados em unidade, para que o mundo possa crer que me enviaste.

"Eu te chamo, meu povo, para reacender o fogo do teu amor, o amor que não guarda registro de erros, que não argumenta sobre quem foi o ofensor e o ofendido; chamo-te para o martírio do amor perdoador: morrer para o orgulho, para a obstinação e para a justiça própria; renascer para a harmonia, para a unidade e para a fraternidade. Conjuro-os novamente: amem-se uns aos outros como eu os amei — um amor a ponto de permitir que me pregassem no madeiro, para que vocês fossem reconciliados com Deus e uns com os outros. Quando eram ainda meus inimigos, eu os amei; tornei-me um homem nu, sem nada, desprovido de tudo, numa pobreza que vocês jamais conhecerão.

"Vocês não devem permitir que a cordialidade fria e a indiferença educada sirvam de disfarce para o amor que eu sinto por meu povo. Não há nenhum gracejo nos meus olhos; não é assunto insignificante para mim que eu os tenha amado.

"Abram o coração para o meu Espírito. Quando ouvirem esta palavra profética, eu os estarei enchendo do mesmo amor, com o qual os amei, para que possam amar uns aos outros em mim, e comigo, e através de mim para a glória de meu Pai.

"Eu os estou libertando, meu irmão, minha irmã, neste momento. Eu os estou tirando da escravidão da autopiedade e do ódio próprio para a liberdade de filhos de Deus. Estou dissipando as trevas e o desânimo, estou banindo a tristeza e o pessimismo de seu coração, estou curando a divisão e a dissensão. Eu os estou libertando, meu povo, das picuinhas, da inveja, do ciúme e da insensibilidade. Eu os estou aproximando no meu amor. Estou conduzindo-os eu mesmo à Terra Prometida da paz e da concórdia, onde meus pequeninos habitam em harmonia, perdão, aceitação e amor que fluem de uns para com os outros.

"Em pobreza de espírito e em pureza de coração, vocês me servirão e me honrarão, e exaltarão meu nome acima desta cidade, para que o mundo saiba que vocês me pertencem, que eu estou no Pai, e o Pai, em mim, e para que as nações saibam que ele me enviou. É o Senhor que fala com *você*, povo do meu Sangue, comprado por grande preço. Vocês são meus, pertencem a mim, e ninguém os arrebatará de minhas mãos — *ninguém*. Nem o mundo, nem a carne, nem o Diabo, nem os mestres da argumentação mundana, nem os falsos profetas; nem o poder do inferno em si os arrebatará de minhas mãos ou os dividirá entre vocês mesmos".

> ... sejam pacientes para com todos. Tenham cuidado para que ninguém retribua o mal com o mal, mas sejam sempre bondosos uns para com os outros e para com todos. Alegrem-se sempre. Orem continuamente. Deem graças em todas as circunstâncias, pois esta é a vontade de Deus para vocês em Cristo Jesus.
>
> 1Tessalonienses 5:14-18

Eu te louvo, Pai, por teu Povo.
Pelos velhos, pelos novos;
pelos altos, pelos baixos;
pelos sábios, pelos simples;
pelos negros, pelos brancos,
vermelhos, amarelos e café com leite
(e verdes e azuis, também,
se houver,
e todas as tonalidades entre uma cor e outra
que nem conhecemos).

Eu te louvo, Pai, por criares a nós,
os teus filhos,
em tantas variedades.
Eu te louvo por criares cada um de nós
de forma tão diferente,
por criares cada um de nós
de maneira singular.

Pai, não permitas que usemos
essas diferenças
como razão para erguer barreiras
entre nós.
Ensina-nos a nos alegrar
e a nos deleitar nelas
da mesma maneira que tu.

CAPÍTULO 8

Somente uma sombra

Recomendação ao leitor: onde encontrar a palavra *Israel*, substitua-a por seu nome.

Quando Israel era menino,
eu o amei,
e do Egito chamei o meu filho.
[...]
Mas fui eu quem ensinou
Efraim a andar,
tomando-o nos braços;
mas eles não perceberam
que fui eu quem os curou.
Eu os conduzi
com laços de bondade humana
e de amor;
tirei do seu pescoço o jugo
e me inclinei para alimentá-los.
[...]
Como posso desistir de você, Efraim?
Como posso entregá-lo
nas mãos de outros, Israel?
Como posso tratá-lo como tratei Admá?
Como posso fazer com você

o que fiz com Zeboim?
O meu coração está enternecido,
despertou-se toda a minha compaixão.
Não executarei a minha ira impetuosa,
não tornarei a destruir Efraim.
Pois sou Deus, e não homem,
o Santo no meio de vocês.
Não virei com ira (Os 11:1,3-4,8-9).

Também no deserto vocês viram como o SENHOR, o seu Deus, os carregou, como um pai carrega seu filho, por todo o caminho que percorreram até chegarem a este lugar (Dt 1:31).

Portanto, agora vou atraí-la;
vou levá-la para o deserto
e falar-lhe com carinho.
Ali devolverei a ela as suas vinhas,
e farei do vale de Acor
uma porta de esperança.
Ali ela me responderá
como nos dias de sua infância,
como no dia em que saiu do Egito (Os 2:14-15).

... o SENHOR me chamou;
desde o meu nascimento
ele fez menção de meu nome (Is 49:1).

Haverá mãe que possa esquecer
seu bebê que ainda mama
e não ter compaixão do filho
que gerou?

> Embora ela possa esquecê-lo,
> eu não me esquecerei de você! (Is 49:15).

> Que diremos, pois, diante dessas coisas? Se Deus é por nós, quem será contra nós? Aquele que não poupou seu próprio Filho, mas o entregou por todos nós, como não nos dará juntamente com ele, e de graça, todas as coisas? Quem fará alguma acusação contra os escolhidos de Deus? É Deus quem os justifica. Quem os condenará? Foi Cristo Jesus que morreu; e mais, que ressuscitou e está à direita de Deus, e também intercede por nós. Quem nos separará do amor de Cristo? Será tribulação, ou angústia, ou perseguição, ou fome, ou nudez, ou perigo, ou espada? [...]
>
> Mas, em todas estas coisas somos mais que vencedores, por meio daquele que nos amou. Pois estou convencido de que nem morte nem vida, nem anjos nem demônios, nem o presente nem o futuro, nem quaisquer poderes, nem altura nem profundidade, nem qualquer outra coisa na criação será capaz de nos separar do amor de Deus que está em Cristo Jesus, nosso Senhor (Rm 8:31-35,37-39).

Depois de ter lido essas passagens, reflita nas palavras da linda canção do padre Carey Landry *Only a Shadow* [Somente uma sombra]:

> Minha crença em ti, meu Senhor, é somente uma sombra de tua fé em mim, somente uma sombra de tudo o que haverá de ser quando nos encontrarmos face a face. [...] O amor que tenho por ti, meu Senhor, é somente uma sombra do teu amor por mim, somente uma sombra de tudo o que haverá de ser quando nos encontrarmos face a face.

Senhor, obrigada
por não desistires de mim.
Obrigada
por não lavares as mãos em relação a mim.
Obrigada
por não virares as costas para mim e para o meu dilaceramento.

Senhor, obrigada
por não me considerares
um caso perdido;
por não dares de ombro e
por não virares as costas
para as minhas inúmeras falhas,
grandes e pequenas.

Senhor, obrigada
por creres em mim
quando não posso crer em mim mesma.
Obrigada
por nutrires por mim uma esperança
que eu mesma não consigo nutrir.
Obrigada
por confiares em mim
quando nem eu posso confiar em mim.

Obrigada, Senhor,
por seres meu Pai,
que acredita em mim,
que deposita esperança em mim,

que confia em mim
e me ama para todo o sempre —
não importa o que aconteça.

Senhor, perdoa-me por pensar
que teu amor por mim
e meu amor por ti
possam ser medidos
com o mesmo
padrão de medida.

Teu amor por mim
não depende
do que eu faça por ti,
teu amor por mim
não vacila
em presença
do silêncio.
Teu amor por mim
não fica paralisado
diante da
minha recusa em corresponder.

Teu amor por mim
não me usa,
não me força,
não me manipula,
nem me coage.
Teu amor por mim
é livre,
e me liberta.

Perdoa-me, Senhor,
por tentar fazer a ti
o que o teu amor
não permite
que faças a mim.

E mesmo agora
tu me dizes:
"Joga fora
esse padrão de medida!".

Senhor, como sou feliz
por seres meu Deus!

CAPÍTULO 9

Uma parábola estonteante

Um judeu amigo meu que se converteu ao cristianismo católico há vários anos, escreveu a Raphael Simon – monge trapista, psiquiatra conhecido internacionalmente e também cristão judeu – pedindo para marcar uma audiência.

Sua resposta: "Agenda cheia. Venha daqui a seis meses".

Em longas horas de oração, o convertido pensou o que perguntaria durante a entrevista. "Não posso desperdiçar seu tempo com abstrações e generalidades". Quando chegou o dia marcado, entrou no gabinete do padre Simon, sentou-se e disse sem rodeios: "Tenho somente uma pergunta: Como posso me tornar santo?".

O trapista apertou os olhos, inclinou-se sobre a mesa, tomou a mão do meu amigo e com uma intensidade pungente sussurrou: "Queira sê-lo!".

A entrevista chegava ao fim.

Atento que eu era às ciladas e armadilhas do pelagianismo, do semipelagianismo, do mito da vitória pelo esforço próprio, da lenda de Horatio Alger sobre o homem que se faz pela própria diligência e disciplina e da espiritualidade do "faça você mesmo", percebi que a resposta de Simon lidava com um verdadeiro desequilíbrio em minha vida interior. Ciente de que Deus toma a iniciativa e de que por sua graça somos salvos, estou agora trabalhando com a sinceridade, a seriedade e a ferocidade da minha determinação em corresponder a sua graça salvadora. Sem ele, nada posso fazer (cf. Jo 15:5). Mas, sem minha cooperação, ele pode não fazer nada. Cristo não me santificará sem a minha vontade. Creio que ele me dará ao final exatamente aquilo que eu escolher e creio que as tendências e desejos implícitos em minhas escolhas serão meus, irremediavelmente. A obediência à Palavra, o hábito da oração constante e a prática diária da virtude cristã exigem colaboração ativa de minha parte. Implica fazer o que Simon disse: "Queira sê-lo!".

A famosa bailarina Martha Graham disse a mesma coisa de uma perspectiva diferente:[1]

> Sou uma dançarina. Creio que aprendemos pela prática. Seja aprendendo a dançar pela prática da dança, seja aprendendo a viver pela prática da vida, os princípios são os mesmos. Em cada um dos casos, é a execução dedicada de uma série de atos precisos, físicos ou intelectuais, dos quais nasce a forma da realização, o senso de que alguém é o que é, uma satisfação do espírito. Passamos a ser em alguma área um atleta de Deus. Praticar significa executar, repetidas vezes, em face de todos os obstáculos, algum ato de visão, de fé, de desejo. A prática é um meio para convidar a perfeição desejada.

Thomas Merton abordou esse mesmo tema quando escreveu: "Você aprende a orar orando".

Perambulando por uma estrada na região montanhosa da Pensilvânia, recoberta de neve, ocorreu-me que Jesus tratou dessa questão da graça e da liberdade na parábola estonteante do fazendeiro e da semente:

> "O Reino de Deus é semelhante a um homem que lança a semente sobre a terra. Noite e dia, estando ele dormindo ou acordado, a semente germina e cresce, embora ele não saiba como. A terra por si própria produz o grão: primeiro o talo, depois a espiga e, então, o grão cheio na espiga. Logo que o grão fica maduro, o homem lhe passa a foice, porque chegou a colheita". Novamente ele disse: "Com que compararemos o Reino de Deus? Que parábola usaremos para descrevê-lo? É como um grão de mostarda, que é a menor semente que se planta na terra. No entanto, uma vez plantado, cresce e se torna a maior de todas as hortaliças, com ramos tão grandes que as aves do céu podem abrigar-se à sua sombra". Com muitas parábolas semelhantes Jesus lhes anunciava a palavra, tanto quanto podiam receber.
>
> Marcos 4:26-33

Com confiança serena e autoridade soberana, Jesus explica: "O Reino não é o que você esperava — uma intervenção deslumbrante e dramática de uma glória irresistível. Como vê, ele começa muito pequeno, minúsculo como uma semente de mostarda. E precisa de tempo para crescer; por isso, seja paciente".

Outra vez Jesus diz: "É como um fazendeiro que planta uma semente e vai embora; mais tarde ela brota". Pergunte a qualquer fazendeiro da Pensilvânia, ou de Vermont, ou de qualquer parte do hemisfério norte quando ele planta o trigo, e ele responderá: "Fins de setembro ou começo de outubro". Pergunte o que ele faz no intervalo até a colheita, e a resposta surpreendida que ele dará a sua pergunta ingênua será: "Nada! Ele cresce sozinho".

É assim que acontece com o Reino de Deus, Jesus explicou. O Reino crescerá por si só. O que o Pai plantou será colhido, e nada o impedirá. Nem heresias, nem cismas, erros vergonhosos, defeitos e fracassos morais da igreja; nem se o orçamento estiver em desequilíbrio; nem se eu não encontrar uma forma de encerrar este livro; nem em casos de perseguições ou hecatombes nucleares — nada obstruirá o estabelecimento do Reino. É uma garantia. O esforço humano é como nada comparado ao plano inexorável de Deus.

Que dizer então de nós, apóstolos cansados que trabalhamos na vinha e somos chamados para promover o Reino de Deus? Simplesmente voltamos a dormir? Seria sábio examinar mais uma vez a oração de Inácio de Loyola. Nossos irmãos jesuítas admitiram que ao longo dos últimos quatro séculos eles a reescreveram, reinterpretaram e lhe acrescentaram comentários. A oração agora tem a seguinte redação: "Trabalhe como se tudo dependesse de você e ore como se tudo dependesse de Deus". Certíssimo, não é mesmo? Não! O original dizia: "Trabalhe como se tudo dependesse de Deus e ore como se tudo dependesse de você".

Será que Inácio escreveu o rascunho original depois de captar o sentido surpreendente da parábola do fazendeiro e da semente? Qualquer que seja a resposta, fico me perguntando o que aconteceria em minha vida se eu trabalhasse como se tudo dependesse de Deus e orasse como se tudo dependesse de mim. Acredito que estaria seguro e livre de preocupações no ministério como nunca antes, sabendo que ele é o Agente primordial, e eu oraria com uma urgência e uma seriedade sem precedentes, pelo fato de ser catapultado e posto em funcionamento pela aceleração do Reino. Ah, Deus, gostaria de todo o meu coração de *querer sê-lo* e no fim provar que Raphael Simon estava certo — eu me tornaria um santo.

> Porque, se há prontidão, a contribuição é aceitável de acordo com aquilo que alguém tem, e não de acordo com o que não tem.
>
> 2 Coríntios 8:12

Senhor, quero tanto fazer
coisas GRANDES *para ti.*
Gostaria tanto
de fazer um grande gesto,
fazer algo realmente espetacular.
Algo GRANDE.

Mas não me pedes
que eu faça coisas assim.
Pedes que eu faça
as coisas pequenas e insignificantes
que constituem a minha vida diária.
Não me pedes
que eu faça
algo grande e glorioso;
apenas que eu faça o que devo fazer.
Não me pedes
que eu faça algo realmente espetacular;
apenas que eu ame o próximo.
Não me pedes
que eu faça algo
absolutamente estupendo;
apenas a rotina,
os afazeres, entra dia e sai dia,

de uma mulher em atividade.
Senhor, quando sinto
que o que estou fazendo
é insignificante
e sem importância,
ajuda-me a lembrar
que tudo o que faço
é significativo
e importante
a teus olhos,
porque tu me amas
e me pões aqui,
e ninguém mais
pode fazer
o que estou fazendo
exatamente como
faço.

E, Senhor,
acredito que seria melhor te agradecer
por não pedires nada
extraordinário de mim.
Quando penso seriamente a esse respeito,
não sei na verdade
se estaria à altura.

Obrigada, Senhor,
por conheceres minhas habilidades e aptidões.

CAPÍTULO 10

MILAGRE EM CHICAGO

A manchete no jornal *San Jose Mercury* trombeteava: "Noiva traz noivo de volta dos mortos". A data era 12 de julho de 1978. A história se deu em Chicago.

Não era para ele viver.

E, mesmo que fosse, nunca mais conseguiria se mexer. E, mesmo que pudesse se mexer somente um pouco – um dedo da mão ou do pé –, não conseguiria mais andar nem conversar. Nada para ele seria normal outra vez, nem conseguiria fazer o que faria um rapaz forte e perfeitamente normal de 23 anos de idade que acabasse de sair dos fuzileiros navais. Como levar Linda, sua noiva, para dançar. Ou sair com ela para comer *pizza*, no domingo à tarde. Ou sentar-se ao lado dela em um encontro de sábado à noite. Ou casar-se com ela – como estava planejando antes do acidente.

Mas os médicos e as enfermeiras não conheciam Linda. E Linda fez toda a diferença.

Peter Saraceno tinha saído para jantar com um amigo e agora voltava para casa. De repente, um caminhão o cortou. Peter freou às pressas o carro da mãe e chegou a dar um cavalo de pau. Foi então arrastado até um poste de luz, curvando-o para baixo, e depois continuou sem conseguir parar. O carro bateu em uma enorme placa elétrica, que envergou, despencou sobre o carro e o cortou ao meio. O motor voou para fora do capô. Peter voou para fora da porta. Foi projetado a vinte metros e estava estirado sobre o asfalto — com a cabeça rachada ao meio e exposta — quando os paramédicos chegaram. O caminhão desapareceu completamente.

Ao chegar ao Hospital Westlake, na região residencial de Parque Melrose, Peter foi dado como morto. Foi quando o médico decidiu verificar sua pulsação uma última vez, e lá estava ela — muito fraca, mas presente.

"Três, quatro vezes nos disseram que lhe restavam apenas algumas horas", disse a mãe, Louise Saraceno. "Mas não acreditei. Tampouco Linda. Estavam noivos e iam se casar. E Linda disse-me que, antes que ele morresse, queria se casar com ele. Queria ser sua esposa."

Peter — forte, grande e ainda em boa forma por causa de sua passagem pelos fuzileiros navais — não morreu. Mas entrou em coma. E a cada noite Linda ficava a seu lado. Conversando com ele exatamente como se fosse outra noite qualquer. Como se tivessem marcado um encontro. Como se nada tivesse acontecido.

Depois de um mês, Peter ainda não se movia, nem respondia, nem mesmo movimentava os cílios. Noite após noite, Linda saía do trabalho para o hospital e se sentava a seu lado. Perto do fim do outono, após três meses e meio, Peter saiu do coma. Lentamente, movendo apenas os olhos, parecia voltar à vida.

"Seus olhos procuraram por Linda no quarto", disse um parente. Ainda não podia falar. Mal podia mover um dedo. Ali deitado, ele olhava para Linda. E Linda nunca o abandonou. No *halloween*, ela pôs os enfeites nas janelas. No natal, seu quarto se encheu de árvores iluminadas. E na véspera de ano-novo, ela comemorou com ele, só os dois. Encheu o quarto de papel-crepom e 66 balões. "Levei um bolo e guloseimas e à meia-noite pus nele um chapéu, soprei uma corneta e lhe disse que o ano-novo havia chegado. As enfermeiras pensaram que eu estava louca, mas percebi que ele conseguia me ouvir."

Lentamente Peter começou a se recuperar. Seus movimentos voltaram: primeiramente um dedo, depois um braço, depois uma perna. Começou a tentar falar. "Eu só conseguia resmungar", disse Peter. "Ninguém me compreendia, a não ser Linda. Ela sabia tudo o que eu dizia. Eu podia me comunicar por meio dela."

Linda deixou o trabalho. Fez cursos para aprender a cuidar de Peter. E foi morar com a mãe dele, viúva, para ajudar Peter dia e noite, sem parar. Com o dinheiro que tinha economizado, ela comprou uma piscina para ele ao ar livre a fim de que pudesse exercitar as pernas e fazer sua fisioterapia.

"Ela não saía do lado dele", disse a sra. Saraceno.

"Sem Linda, Peter jamais teria conseguido. Ela é muito especial – ela representa o mundo inteiro para Peter."

Um ano mais tarde, Peter já tinha começado a falar outra vez. Ele se esforçou muito até que pudesse ser compreendido. E então fez a pergunta que queria fazer havia tanto tempo: "Sr. Fraschalla, eu queria pedir a mão de sua filha em casamento".

"Peter", disse Jim Fraschalla, "quando você puder entrar pelo corredor da igreja, ela é toda sua".

Peter não podia andar nessa época. Tinha de ser carregado. Mas lentamente, cautelosamente, com a ajuda de um andador, começou a andar outra vez. E então um dia ele entrou com Linda pelo corredor da igreja.

Conscientemente ou não (de acordo com Mateus 25, na verdade nem importa), Linda Fraschalla mergulhou no ministério de cura de Jesus Cristo. Como? A história não mostra que ela jamais tenha imposto as mãos sobre Peter, que tenha orado formalmente por ele ou o tenha ungido com óleo. Tampouco o Evangelho afirma que Jesus jamais tenha feito essas coisas por Lázaro. "Onde o colocaram?", perguntou. "Vem e vê, Senhor", disseram. Jesus começou a chorar, o que levou os judeus a comentarem: "Vejam como ele o amava!". Mais uma vez conturbado em espírito, Jesus aproximou-se do túmulo. Era uma cova com uma pedra a fechá-la. "Tirem a pedra", ordenou Jesus. Então retiraram a pedra, Jesus olhou para o céu e disse: "Pai, eu te agradeço porque me ouviste. Eu sei que sempre me ouves, mas disse isso por causa do povo que está aqui, para que creia que tu me enviaste". Tendo dito isso, chamou em alta voz: "Lázaro, venha para fora!". O morto veio para fora com a cabeça e os pés enfaixados em linho, com o rosto envolto em pano. "Tirem as faixas dele", Jesus lhes disse, "e deixem-no ir" (cf. Jo 11:33-44).

O amor no coração de Jesus Cristo restaurou a vida a seu amigo: "Vejam como ele o amava!". Com nada mais que um reconhecimento e uma gratidão a seu Pai celeste em favor da multidão ali reunida, Jesus agiu. Nada de lama ou argila, óleo ou saliva, rosário, novena ou rito litúrgico. O único recurso de Jesus era seu coração solitário. A pessoa que cura é aquela que ama.

Linda tomou parte naquele ministério com sua presença, compaixão, consolação, cuidado e conforto. *Confortar* significa "fortalecer com". Bem-aventurados aqueles que se abraçam uns aos outros na fraqueza, porque possuirão a terra. Quando corremos o grande risco humano da compaixão, de sofrer junto com as pessoas, quando nos importamos de enfrentar a solidão e a dor do outro, uma vida nova se inicia para ambos. Henri Nouwen escreveu: "Conforto é o grande presente humano que gera a comunidade. Aqueles que se unem em uma vulnerabilidade mútua ficam presos uns aos outros por uma força nova que os torna um só corpo".

Ao ler a história de Linda e de seu noivo, ouvi a voz da Madre Teresa. Quando o jornalista britânico Malcolm Muggeridge lhe perguntou o que sua comunidade tentava oferecer aos que estavam morrendo, ela respondeu:

> Queremos que se sintam queridos, queremos que saibam que há pessoas que de fato os amam, que de fato os querem. [...] Muitas vezes não é de *coisas* que eles necessitam. Aquilo de que mais necessitam é o que lhes oferecemos. Nesses vinte anos de trabalho entre as pessoas, vim a perceber cada vez mais que a pior doença que o ser humano pode experimentar é não se sentir querido. Hoje descobrimos a cura da lepra, e os leprosos podem assim ser curados. Há remédios para a tuberculose, e os tísicos podem ser curados. Para todos os tipos de doenças há remédios e cura. Mas quanto à rejeição, a menos que haja mãos dispostas a servir e um coração amoroso para amar, não creio que essa doença terrível possa ser curada (grifo do autor).[1]

Teria algum procedimento cirúrgico, remédio, terapia, droga milagrosa ou oração salvado Peter Saraceno sem as mãos de amor que lhe fizessem bolos e guloseimas, que lhe afixassem decorações, árvores de Natal, papel crepom e 66 balões? Será que Peter ou Lázaro teriam vivido se não houvesse corações amorosos que os amassem?

Em meu ministério às pessoas, a maior porcentagem do meu tempo é dedicada à cura por meio do cuidado que se importa com o outro. Muitas vezes as pessoas solicitam oração de libertação, cura interior ou cura física. Mas no mais das vezes simplesmente querem um homem ou uma mulher a quem possam recorrer — não por aquilo que essa pessoa seja capaz de fazer, mas por causa daquilo que ela é como pessoa: alguém que os faz sentir-se queridos, um amigo que os ame, alguém que crie uma atmosfera de calor e confiança na qual podem retribuir o amor.

Há diversos anos, em Atlantic City, no estado americano de Nova Jersey, Francis MacNutt compartilhou em um testemunho de sua vida como foi apresentado à renovação carismática. Após ter recebido o batismo do Espírito Santo em um encontro do Camps Farthest Out [Acampamentos afastados para retiros], orou com um grupo de anciãos pedindo discernimento a respeito de qual seria seu papel na Igreja Católica. A mente de Francis voou longe. (Estou parafraseando bem precariamente a história.) Profeta? Um ministro da cura, como a falecida Kathryn Kuhlmann? Um Billy Graham católico para evangelizar o mundo? Talvez Deus tivesse algo ainda mais grandioso em mente: uma liderança apostólica — bispo, cardeal?

"Mal posso dizer quão decepcionado fiquei", disse Francis, "quando o discernimento coletivo revelou que meu papel na igreja era ser um homem amoroso! Mas isso é tudo?"

Sim, aquilo era tudo. E o ministério de cura mais poderoso da Igreja Católica americana amadureceu porque um ministro de cura é alguém que ama.

Por fim, há um ministério a favor do próprio Deus. Por mais estranho que isso soe, o ministério de louvar a bondade de Deus, sua sabedoria e amor em momentos de dor e angústia é uma linda expressão da fé em ação, uma expressão viva da confiança de que "Deus age em *todas as coisas* para o bem daqueles que o amam, dos que foram chamados de acordo com o seu propósito" (Rm 8:28, grifo do autor). Em seu livro, pequeno, mas comovente, *Our Heavenly Father* [Nosso Pai celestial], o dr. Robert Frost escreveu:[2]

> Nada há de mais precioso para Deus do que o nosso louvor em meio à aflição. Não louvor pelo que o diabo fez, mas louvor pelo poder redentor de nosso amoroso Pai celeste. Mesmo em meio àquilo de que ele resolva não nos proteger contaremos com sua proteção. Há na verdade uma bênção especial para aqueles que não se ofendem com Deus durante a adversidade. Além disso, tornamo-nos uma bênção especial para eles!

Permita-me compartilhar um segundo exemplo dessa ministração ao Senhor no momento da adversidade dele. Ironicamente, isso ocorreu na zona sul de Chicago, na noite de Quinta-feira Santa. Escrevi em meu diário:

> A adoração do Senhor Jesus na Eucaristia começou com um peso dentro de mim. Está congelante lá fora; a capela está fria; minha mente não funciona; mas o mais crucial é a dúvida persistente sobre minha própria sinceridade. Antes, naquele mesmo dia, percebi uma resistência residual, uma forte tendência para a não aceitação, quando li: "... onde está o Espírito do Senhor, ali há liberdade". Será que quero mesmo estar livre? Será que sinceramente desejo o estilo de vida do Reino? Quais são as verdadeiras tendências e

desejos do meu coração? Será que anseio mais que tudo ser um homem de Deus? Por mais difícil e exigente que seja, será que verdadeiramente prefiro renunciar a boa parte do que a vida tem para oferecer a receber tudo isso de mãos abertas? Servir em vez de ser servido? Orar quando poderia me divertir? Seja tardio para falar, Brennan, seja cauteloso em responder. [...] Senti a confusão e o desânimo revolvendo-se dentro de mim.

Então algo lindo aconteceu. Como que num facho de luz saído de um raio e a iluminar minha mente, percebi que a única razão por que eu estava em oração era que eu queria estar com meu amigo. A dúvida e a incerteza desapareceram. Eu sabia que queria consolar Jesus em sua solidão e temor no jardim. Queria estender as mãos, tocá-lo e tomá-lo em meus braços. Queria vigiar não uma hora, mas a noite inteira com ele. As únicas palavras que se formavam em meus lábios eram aquelas do menininho Willie-Juan, no conto de fadas que eu escrevera no ano anterior. Repetidamente sussurrei: "Amo-te, meu amigo".

Com o conforto tranquilo que a fé produz, eu sabia que estava sendo totalmente sincero. Pedi a Jesus que olhasse para mim e soubesse que eu estava lá. "Foste tu que me ensinaste que um amigo é alguém presente não somente para rir com você quando está feliz, mas que permanece quando você está só, triste, ferido e sentindo-se rejeitado. Agradeço de todo o coração o presente de poder realmente me importar, a coragem de permanecer ao teu lado na solidão da tua Paixão, crer que em meu dilaceramento e inconstância de fato eu te amo.

O que tenho que não recebi? Hoje à noite, se eu me glorio em alguma coisa, me gloriarei naquilo que fizeste em minha vida. Eu te amo, meu Amigo. Tudo o que quero és tu, Senhor; tudo que quero és tu."

Senhor, tinha de ser fácil falar contigo
a qualquer hora,
em qualquer lugar.
Mas em geral eu acho difícil.
Há tantas atividades para realizar;
tantas interrupções,
tantas coisas que me preocupam e me confundem.
E, de modo geral, justo quando pareço estar
na hora certa
com tudo sob controle,
alguém fala comigo.
Há tantas pessoas, Senhor,
que falam comigo.
E tantas delas me irritam.
Tantas delas falam e falam,
e não dizem nada.
Mesmo assim, Senhor,
alguém precisa escutar em algum momento.

As pessoas falaram contigo, também,
e não consigo encontrar um único lugar
na Bíblia
que diga que não paraste
para escutar.
Às vezes devias estar sem muita paciência,
cansado e com fome,

desgastado de tanto andar e ensinar,
querendo estar sozinho por um tempinho
para poderes falar com teu Pai.
Mas escutavas
porque alguém tinha de escutar.
Escutavas,
e todos saíam de tua presença
consolados, curados e ajudados.

Perdoa-me, Senhor, por minha impaciência
com teus outros filhos.
Por minha irritação, meu tédio
e mesmo, às vezes, Senhor, minha raiva.
Perdoa-me por meu egoísmo,
que me faz pensar que as palavras
que eu profiro para ti
são mais importantes do que
a necessidade do outro.

Que eu aprenda a te escutar, Senhor,
não apenas com os ouvidos,
mas com o coração.

E, depois de te escutar,
sei que providenciarás
a calma e a tranquilidade de que preciso
para erguer a voz
em louvor a ti.

CAPÍTULO 11

Verdadeiramente humano — verdadeiramente pobre

Ano passado, no fim de uma semana de renovação na paróquia de Louisiana, um homem aproximou-se de mim do lado de fora da minha residência e sussurrou: "Tenho orado sobre isso", enfiando um envelope em meu bolso e saindo apressadamente. Eu estava atrasado para uma recepção no saguão da igreja; então corri para lá, esquecendo-me completamente do envelope. Ao preparar-me para dormir mais tarde naquela noite, esvaziei os bolsos, abri o envelope e encontrei um cheque de seis mil dólares para os pobres de Deus.

No dia seguinte enviei o dinheiro para um homem pobre com uma família grande e em dificuldades financeiras desesperadoras. Sabe o que aconteceu? Dentro de cinco dias recebi nove cartas do homem transbordantes de gratidão e descrevendo em detalhes como o dinheiro estava sendo usado para ajudar sua família e outras. Essa experiência deu-me uma linda percepção de quem é de fato um homem pobre.

Quando ele recebe um presente, experimenta e expressa gratidão genuína. Não tendo nada, ele valoriza mesmo um presente insignificante. Em Jesus Cristo, recebi o dom totalmente imerecido da salvação. Por nenhum mérito meu, mas por sua misericórdia, recebi um convite sincero para beber vinho novo eternamente na festa de casamento no Reino de Deus. O salmista disse: o Senhor preparou "um banquete para mim"

(23:5). Jesus prometeu: "E eu lhes designo um Reino, assim como meu Pai o designou a mim, para que vocês possam comer e beber à minha mesa no meu Reino" (Lc 22:29-30).

Para um alcoólico, isso é o céu.

Quanto mais um homem percebe que recebeu um presente que jamais poderá retribuir, ele "manda avisar seu semblante", e o teor de sua vida passa a ser uma ação de graças alegre e humilde. Ele simplesmente se regozija no presente e escreve nove cartas para Iavé, que exclamam: "Deem graças ao SENHOR porque ele é bom; o seu amor dura para sempre" (Sl 107:1).

Seria por isso que Francisco de Assis é tão amado universalmente, a ponto de o papa Bento XV chamá-lo de "a imagem mais perfeita de Cristo que jamais existiu"? G. K. Chesterton observou certa vez que o cardeal John Henry Newman escreveu um livro chamado *A gramática do assentimento*. Poderíamos dizer que Francisco escreveu *A gramática da gratidão*.

O senso de gratidão e de total dependência de Deus que Francisco tinha não era um mero sentimento, mas a realidade; não fantasia, mas fato. Compreendia, bem profundamente, a teoria do agradecimento – e suas profundezas eram um abismo insondável. O pobre e pequeno homem se preocupava principalmente com a mais elevada espécie de contribuição, que é a ação de graças. Ele sabia ser um homem totalmente possuído pelo outro, pertencendo totalmente ao outro e totalmente dependente do outro.

Certo dia, quando os irmãos estavam debatendo sobre qual virtude mais contribui para tornar um amigo próximo de Cristo, Francisco, como que a revelar um segredo do coração, respondeu: "Saibam, meus filhos, que a pobreza é o caminho especial para a salvação; seus frutos são múltiplos, mas na verdade é bem conhecida somente de alguns poucos".[1]

O Sermão no Monte é um retrato do coração de Jesus Cristo. As Bem-aventuranças, também chamadas Beatitudes, oferecem uma introspecção profunda de suas preferências, suas concepções e sua personalidade total. Ao dar-nos aquilo que John Powell chama de *Be(m)*-atitudes, Jesus afirmou que essas são as *atitudes* que o capacitarão a ser *bem* como ele é. Ele falou sobre ser puro de coração. Falou sobre ser compassivo. Falou sobre as atitudes profundamente arraigadas em nós e disse: "Se você de fato deseja ser como eu, é assim que deve pensar". E bem no topo da lista está "ser pobre em espírito".

Jesus ama profundamente os pobres em espírito. Teresa de Lisieux, conhecida como a Pequena Flor, expressou essa verdade da seguinte maneira: "Quanto mais pobre você for, mais Jesus o amará".

Ser pobre em espírito significa agarrar-se a sua humanidade empobrecida e não ter nada de que se vangloriar diante de Deus. Paulo escreve: "O que você tem que não tenha recebido? E se o recebeu, por que se orgulha, como se assim não fosse?".

A pobreza no espírito de Jesus é captada de maneira linda na resposta espontânea que deu ao jovem rico: "Por que você me pergunta sobre o que é bom? Há somente um que é bom" (Mt 19:17). Esta é a atitude interior de Jesus que impressionou o coração de seu Pai: "Eu lhes digo verdadeiramente que o Filho não pode fazer nada de si mesmo; só pode fazer o que vê o Pai fazer, porque o que o Pai faz o Filho também faz" (Jo 5:19). Jesus reconhece que tudo é um presente amoroso das mãos do Pai. E clama: "Você se torna muito agradável aos olhos de meu Pai quando tem essa '*bem*-atitude', essa atitude de ser pobre assim como eu, quando você aceita os limites de sua humanidade". Essa é a atitude básica para a entrada no Reino.

Naturalmente, o Maligno se aborrece quando nos agarramos a nossa humanidade. Ele ficou muito incomodado com Jesus no deserto por essa mesma razão. Queria que Jesus renunciasse a sua pobreza, a sua humanidade. Satanás já sabia que, quando Jesus aceitou a pobreza da condição humana, a saga da história da salvação estava movendo-se em direção a seu apogeu. E Jesus não reteve nada, não se agarrou a nada, não permitiu que nada o protegesse — mesmo sua verdadeira origem. Ele "não considerou que o ser igual a Deus era algo a que devia apegar-se; mas esvaziou-se a si mesmo" (Fp 2:6-7). E Satanás ficou furioso.

O teólogo Johannes Metz oferece uma introspecção profunda sobre a razão pela qual o próprio ato de ser verdadeiramente humano significa tornar-se verdadeiramente pobre:[2]

> Satanás, entretanto, tenta obstruir essa autorrenúncia, essa total "pobreza". Satanás quer tornar Jesus forte, pois o que o diabo realmente teme é a impotência de Deus na humanidade que Cristo assumiu. Satanás teme o Cavalo de Troia representado por um coração humano aberto que permanecerá fiel a sua pobreza natural, sofrerá a miséria e o abandono próprios da condição humana e assim salvará a humanidade. A tentação de Satanás é um assalto à autorrenúncia de Deus, uma sedução para que se busque a força, a segurança e a abundância espiritual; pois essas coisas obstruirão a ação salvífica de Deus para com a humanidade, uma ação envolta nas vestes enegrecidas da fragilidade e da fraqueza.

Todas as tentações lançadas por Satanás a Jesus são as tentações do espiritualismo. Primeiro ele tenta apelar para a divindade de Jesus. (Na realidade, Satanás sempre tenta realçar nossa força espiritual, nosso caráter divino. Ele faz isso desde o início. "Vocês serão como Deus" é o *slogan* do Maligno. É a tentação por excelência que ele põe diante de nós em incontáveis variações, insistindo conosco para que rejeitemos a verdade de que fomos presenteados com a condição humana.)

Isso acontece na minha própria vida! Toda vez que tento superar as limitações inerentes à minha natureza humana e faço de conta que sou um *anjo*, acabo fazendo o papel da *fera*. O alcoolismo é um bom exemplo: uma tentativa inútil de escapar à pobreza, à solidão e à frustração tão comuns à condição humana. O mesmo se pode dizer da cultura das drogas. O nome do jogo não muda. O orgulho intelectual enquadra-se nessa categoria. Tento construir uma ponte sobre o vasto abismo que separa a criatura do Criador, recusando-me a reconhecer minha inteligência limitada e finita, e me levo tão a sério que me sinto superior aos outros. Presumo ser mais importante aos olhos de Deus que o irmão que prepara o almoço na cozinha. Traiçoeiramente Satanás realça meus dons carismáticos e me aprisiona na armadilha do espiritualismo.

Diversos anos atrás, no meio de um retiro de fim de semana, perguntei:

— Como os Yankees se saíram ontem? (Era a semana da Série Mundial de Futebol Americano.)

— Não saberia dizer e para mim não faria a menor diferença — respondeu um irmão com ar de superioridade e desdém angelical.

Cuidado com os "espirituais".

Metz continuou:[3]

> A tentação no deserto propunha que Jesus traísse sua condição de humano em nome de Deus. [...] O "não" de Jesus a

> Satanás é seu "sim" à nossa pobreza. Ele não se agarrou a sua divindade. Não simplesmente mergulhou em nossa existência, agitou sobre nós uma varinha de condão da vida divina e depois recuou e se retirou apressadamente para seu lar eterno. Tampouco nos deixou com um sonho em frangalhos, deixando que nos preocupássemos com o mistério de nossa existência. [...]
>
> Com todo o peso de sua divindade, ele desceu ao abismo da existência humana, penetrando suas profundezas mais escuras. Não foi poupado do mistério escuro de nossa pobreza como seres humanos.

Ele provou o fracasso, a tristeza, a solidão e o dilaceramento.

Foi um homem, diz Hebreus, que "como nós, passou por todo tipo de tentação, mas sem pecado" (4:15). O pecado não amplia o sofrimento próprio da luta do homem; antes, o mitiga. Quando peco, busco um escape a minha condição de humano. Eu costumava dizer a mim mesmo: "Bem, você não passa de um humano!". Mas o pecado não me torna humano; ele compromete a minha humanidade. O marido que tem relações extraconjugais com a amante em viagens de negócios, os dependentes químicos, os ladrões que constroem torres de marfim com dinheiro roubado, os que correm atrás de sensações e os políticos que controlam seus eleitores e buscam quem os substitua. Não bebem da pobreza da situação humana até a última gota. Nem ousam fitá-la direto nos olhos. Os pecados do meu passado representam meu próprio acordo secreto com as forças da solidão, da frustração, do sofrimento e da morte. Eu uno forças com eles antes que me possam assaltar e me tornar verdadeiramente pobre.

Metz continua:[4]

> Será que realmente compreendemos o empobrecimento que Cristo enfrentou? Tudo foi tirado dele durante a Paixão, mesmo o amor que o levou até a cruz. Não mais saboreou seu próprio amor, não mais sentiu qualquer centelha de entusiasmo. Seu coração perdeu as forças, e foi dominado por um sentimento de total impotência. De fato se esvaziou (Fp 2:7). A mão misericordiosa de Deus não mais o sustentou. O semblante de Deus se escondeu durante a Paixão.

Jesus não morreu uma morte com dignidade, mas uma morte que teve de suportar, gritando para um Deus que não respondia. Jesus pagou o preço. Tornou-se totalmente pobre. Nessa renúncia total, Jesus professou o que significa ser humano. Ele sofreu a nossa sorte. Veio até nós onde realmente estávamos e permaneceu conosco, lutando de todo o coração para nos ver dizer sim a nossa pobreza inata.

O cristão verdadeiramente humano é verdadeiramente pobre. Como essa pobreza no espírito se reflete no viver diário?

Ao conversar, o homem pobre deixa a outra pessoa com o sentimento: "Minha vida foi enriquecida nessa conversa". E de fato foi. Ele não é completamente exaustivo, sem nada precisar receber. Não se impõe ao outro; não o sobrecarrega com seu repositório de percepções; não tenta convertê-lo, discutindo com uma marretada da Bíblia após outra. É um bom ouvinte porque percebe que é pobre e tem tanto a aprender com as pessoas. Sua pobreza lhe permite entrar no mundo existencial do outro, mesmo quando não pode identificar-se com aquele mundo. Sendo pobre, sabe receber e pode expressar gratidão e valorização pelo menor dos presentes.

Como escreveu Peter van Breeman, S.J. (Sociedade de Jesus), o pobre se aceita. Ele tem uma autoimagem em que a percepção das limitações é suficientemente vívida, mas sem o deprimir. Essa percepção de sua própria insuficiência, sem sentimentos de ódio por si próprio, é típica do pobre em espírito.[5]

Ele percebe que não ama tanto quanto seu coração desejaria. Nessa última Quaresma, preguei por seis semanas uma sucessão de seis renovações paroquiais. A última foi em Downers Grove, Illinois, e na noite de encerramento eu estava liquidado. Mais de mil pessoas estiveram presentes, e, ao iniciar o hino de encerramento do ofício, fiquei refletindo e me perguntando se meu corpo aguentaria outra meia hora de despedidas e bênçãos no vestíbulo. Eu poderia fugir para a sacristia, trocar de roupa, correr para o quarto e me jogar na cama. O espírito disposto, mas a carne em rebeldia. Por fim, orei pedindo uma dose de energia, decidi me dirigir para o vestíbulo, entrei da melhor maneira possível e apareci em cena por volta das 23 horas.

Na manhã seguinte, um bilhete endereçado a mim repousava sobre a mesa do desjejum. Eis o que dizia: "Caro padre Manning, estive presente em sua renovação paroquial toda esta semana. O senhor é eloquente, brilhante, espirituoso, poético, estético e... *enfatuado*. Na noite passada, de pé no vestíbulo, após o término do serviço, onde estava o amor em seus olhos a cada um de nós no meio de sua glória? Por que você não se inclinou e não abraçou aquelas pequeninas crianças? Por que não beijou as senhoras na bochecha? Por que não nos olhou nos olhos partindo do cerne de seu ser, profundidade encontrando-se com profundidade, amor encontrando-se com amor? Homem, você é cego?!". A assinatura da carta dizia "Um espelho".

Naturalmente a mulher precisava de algo que não pude dar. Naquelas circunstâncias, a expectativa dela talvez fosse descabida. Mas, mesmo quando não estou cansado, percebo que não amo tanto quanto poderia ou deveria. Muitas vezes penso em algo atencioso para dizer vinte minutos depois que a pessoa saiu porta afora. Não percebo as deixas. Às vezes ouço o que uma mulher está dizendo, mas não o que quer dizer, e acabo dando sábios conselhos sobre algo que nem se constitui num problema.

Absorto após uma chamada telefônica que me deixou bastante conturbado, deixei o monastério para palestrar aos internos da Prisão Estadual de Trenton e comecei com o cumprimento mais ultrajante que eu poderia dar: "Bem, que bom ver todos vocês aqui!". E assim acontece. Em geral fora de forma, me sentindo "por cima" ou no controle. Isso faz parte de minha pobreza como ser humano, e a autoaceitação sem a autopreocupação simplesmente expressa uma realidade. Um espírito empobrecido impede que o homem pobre seja um tirano consigo mesmo.

Se você pedisse a um homem pobre em espírito que descrevesse sua vida de oração, ele bem poderia responder: "Na maioria das vezes, minha oração consiste em experimentar a ausência de Deus na esperança da comunhão". Ele não é ricamente dotado de graças extraordinárias e místicas experiências. Ainda assim, a experiência da ausência não significa ausência de experiência. Como o soldado em combate, parando furtivamente para uma olhadela no retrato da esposa enfiado em seu capacete, a experiência da ausência dela não significa naquele momento que ele não a esteja experimentando. E de alguma maneira o homem pobre em espírito percebe que a meta da vida espiritual não é a experiência religiosa, mas a união com

Deus por meio do amor. À uma com o cantor Joe Wise, o cristão verdadeiramente humano e verdadeiramente pobre vai para a mesa do Senhor cantando: "Ainda que pobres sejamos, aproximamo-nos de ti: somos teus, somos teus".

Jesus, meu Irmão e Senhor, oro enquanto escrevo estas palavras pedindo a graça de ser verdadeiramente pobre diante de ti, de reconhecer e aceitar minha fraqueza e humanidade, de abrir mão do luxo descabido do ódio próprio, de celebrar tua misericórdia e confiar em teu poder quando estou em meu estado de maior fraqueza, de depender de teu amor não importando o que eu venha a fazer, de não buscar escapes da minha pobreza inata, de aceitar a solidão quando ela chega em vez de buscar substitutos, de viver pacificamente mesmo sem clareza ou segurança, de parar com o exibicionismo e com a tentativa de chamar atenção, de cumprir a verdade silenciosamente e sem alardes, de deixar que se dissipem as falsidades e desonestidades de minha vida, de não pertencer mais a mim mesmo, de não desertar meu posto enquanto dou a aparência de permanecer nele, de me agarrar a minha humanidade, de aceitar as limitações e a plena responsabilidade de um ser humano — realmente humano e realmente pobre em Cristo, nosso Senhor.

Senhor, creio que talvez
tu estejas
me acostumando
à ideia
de que não sou
um arcanjo.

Naturalmente,
sabes que não sou,
e eu mesma sei que não sou.
Mas preciso admitir
que periodicamente
tento me comportar
como se fosse.
E a maioria dos meus problemas
parece brotar
diretamente
desse fato.

Eu gostaria de me imaginar
perfeita;
sem limitações,
sem motivações impuras,
sem fraquezas humanas;
com tudo
sob controle
e
perfeitamente ajustado.
E toda vez
que eu me pego
pensando
e me comportando
dessa maneira
a vida se torna
não apenas um fardo,
mas insuportável.

Senhor, obrigada
por me fazeres saber
que não sou perfeita
ainda,
mas que me levarás até esse ponto,
se eu permitir.
Obrigada
por me lembrares
que jamais terei
tudo ajustado
até nos encontrarmos
face a face.

Senhor, por acaso os arcanjos
precisam de ti
tanto quanto eu?

Pai, obrigada
por me libertares.
Estou agora livre para ser
pobre,
pequena,
fraca.

Obrigada
por me libertares.
Estou agora livre para ser
malcompreendida,
rejeitada,
esquecida.

Obrigada
por me libertares.
Estou agora livre para ficar
insatisfeita,
vazia,
desprovida.

Obrigada
por me libertares.
Estou agora livre para
abrir caminhos,
abrir mão de tudo,
aceitar a fogueira.

Pai, obrigada
por me libertares,
para isso amarrando-me
mais proximamente
a ti.

CAPÍTULO 12

Os frades

"Há um grande número de pessoas que ficam desconsoladas com a morte de um grande homem. Preciso admitir que eu costumava ser uma dessas pessoas, mas não é mais o caso. O homem deixa tantas boas lembranças, que até nos sentimos bem quando seu nome é mencionado. Não há tempo para recordarmos nenhuma das coisas ruins que nos aconteceram quando nos lembramos das coisas boas que ele deixou."

Essas palavras foram proferidas a respeito do falecido John F. Kennedy pelo lendário astro de basquetebol Maurice Stokes; mal sabia Stokes que estava escrevendo seu próprio epitáfio. Pós-graduado na escola que eu também cursei, a St. Francis College, em Loretto, na Pensilvânia, Stokes morreu no outono de 1969. Após onze anos de paralisia, nos quais não podia andar, Stokes foi acometido três meses antes de sua morte de uma meningite espinhal e de difteria, tendo também um pulmão perfurado que por fim levou seu coração a parar de funcionar. Alguns minutos antes de morrer, pediu que fosse sepultado no *campus* da St. Francis College, porque, como disse: "Foi lá que encontrei Deus e o sentido da amizade".

Em uma missa fúnebre ao cair da tarde naquela faculdade (fundada em 1847 pela comunidade da minha Terceira Ordem Regular e ainda sob nossa direção), novecentos estudantes com tochas nas mãos uniram-se ao caixão na porta da capela após a liturgia eucarística e o acompanharam até o cemitério, onde somente frades franciscanos são sepultados. Enquanto o corpo de Stokes descia ao túmulo, a comunidade de sacerdotes, irmãos, familiares, amigos, docentes e alunos cantavam a bênção da St. Francis: "O Senhor te abençoe e te guarde; o Senhor faça resplandecer o seu rosto sobre ti e te conceda graça; o Senhor volte para ti o seu rosto e te dê paz".

Durante o tributo proferido na missa, o diretor da faculdade, o padre Vincent Negherbon, T. O. R., disse:

> A comunidade da St. Francis College curva a cabeça em tristeza diante da morte de nosso amado ex-aluno Maurice Stokes. Raramente uma faculdade tem motivos de orgulho de um de seus filhos tanto quanto temos de Maurice. Sua habilidade extraordinária, sua coragem indômita, seu espírito imortal continuarão vivos em Loretto enquanto houver uma comunidade conhecida como St. Francis College.

Stokes, considerado um dos maiores jogadores de basquetebol na história do esporte, levou a St. Francis, antes desconhecida e pouco mencionada, ao reconhecimento nacional, e foi votado o jogador mais valioso no Torneio Nacional e Invitacional em 1953 e em 1954. Sua família disse que a missa e o ofício fúnebre tiveram um significado inestimável para eles, para os demais parentes e para os amigos que se reuniram em Loretto.

Trinta sacerdotes uniram-se na celebração da liturgia. Lá estava eu, sem fazer nada, dizendo pouco, apenas imensamente orgulhoso de ser um sacerdote da Terceira Ordem Regular de São Francisco da Penitência. É uma honra usar esse hábito preto com o capucho e o cordão branco. Não sustento, nem posso, que somos uma comunidade de santos e estudiosos pela simples razão de que muitos de vocês me conhecem pessoalmente. Há defeitos, manchas e falhas de caráter em cada frade. Na condição de comunidade, nem sempre fomos fiéis na oração. Nossas instituições educacionais nem sempre são o que deveriam ser. Muitas vezes deixamos de ser uma comunidade de profetas retratando para os alunos a visão da vida radical do evangelho, porque nos atolamos em nossos medos e inseguranças, em dilemas organizacionais e em orçamentos. Em meus cinco anos de ensino na faculdade, muitas vezes deixei de comunicar uma paixão pela verdade, pelo amor e pela pessoa de Jesus Cristo, porque eu mesmo não tinha essa paixão. Considero-me um frade típico — um homem pobre, *fraco*, pecador, com falhas herdadas e talento limitado, tentando (com um pouco de ajuda de meus amigos) viver o evangelho.

Por um momento aqui, desejo examinar a fundo a ideia da fraqueza, porque isso abriu uma renovada profundidade de autocompreensão e de percepção da comunidade.

Com boa dose de percepção, o padre Michael Buckley observou a seguinte prática, comum e muito evidente, entre os americanos, ao avaliarem as aptidões de um homem para uma profissão ou carreira: basta alistar seus pontos fortes. Roberto é um bom orador, tem uma mente capaz, exibe talento genuíno para a liderança e o debate; daria um excelente advogado. Tiago tem facilidade em tomar decisões, um pendor para as ciências, uma inegável destreza com as mãos e interesse no ser humano; daria um cirurgião fantástico.

Agora, a tendência é transferir esse método de avaliação para o sacerdócio, relacionar todas as qualidades positivas — sociável, intelectualmente perceptivo, caracterizado pela integridade interior, bom senso e hábitos de oração — e assim concluir que um homem desse daria um sacerdote de primeira.

Buckley escreveu:

> A meu ver, essa transferência é desastrosa. Há uma questão mais importante a ser considerada, própria do sacerdócio, se não exclusiva dele: será que esse homem é fraco o bastante para ser um padre? Deixem que me explique. Será que esse homem é suficientemente deficiente, de modo que não tenha como se livrar de boa dose de sofrimento em sua vida, de modo que viva com certo grau de fracasso, de modo que sinta o que significa ser um homem médio?

A propósito, creio que isso se aplique a cada seguidor de Cristo, porque todos fazemos parte do "sacerdócio de todos os crentes" (cf. 1Pe 2:9).

É nessa deficiência, nessa carestia interior, nessa *fraqueza*, afirma o livro de Hebreus, que se encontra a eficácia do ministério e do sacerdócio de Cristo.

> Portanto, visto que temos um grande sumo sacerdote que adentrou os céus, Jesus, o Filho de Deus, apeguemo-nos com toda a firmeza à fé que professamos, pois não temos um sumo sacerdote que não possa compadecer-se das nossas fraquezas, mas sim alguém que, como nós, passou por todo tipo de tentação, porém sem pecado. Assim, aproximemo-nos do trono da graça com toda a confiança, a fim de recebermos misericórdia e encontrarmos graça que nos ajude no momento da necessidade.
>
> Hebreus 4:14-16

Por mais que eu leia essa passagem, minha mente ainda dá voltas quando penso que o autor inspirado de Hebreus reconheceu facilmente que nosso Sumo Sacerdote, o Filho do Deus vivo, foi assaltado pela fraqueza! Quando diante desse fato consumado, é por demais importante que os cristãos penetrem a seriedade dessa revelação, dessa junção de sacerdócio e fraqueza, que nos detenhamos na deficiência como parte de nossa vocação. Caso contrário, podemos secularizar nossa vida em um amálgama de desejos e talentos, e podemos sentir nossa fraqueza como uma ameaça ao nosso sacerdócio, como sinal de que devemos repensar, como um sintoma a indicar que nunca fomos genuinamente chamados, que não dispomos dos recursos para executar aquilo que um dia pensamos ser nosso destino e que ressoou em nossa generosidade e fidelidade. (Deus, como lutei com isso enquanto tropeçava na estrada do esquecimento, na condição de alcoólico...)

O que quero dizer com *fraqueza*? Não a experiência do pecado, embora a fraqueza possa ser o contexto em que nasce o pecado, mas a experiência de uma singular sujeição ao sofrimento. Um senso profundo de inaptidão, tanto para fazer quanto para proteger; uma incapacidade, mesmo depois de grande esforço, de gerar, executar, levar a efeito aquilo que queríamos, ou com o sucesso que queríamos; de tentar construir *Convite à solitude* como uma obra-prima espiritual já sabendo que dadas as minhas limitações inatas há fronteiras que não posso cruzar, profundezas que não posso sondar, alturas que não posso escalar, horizontes que ultrapassam o alcance da minha visão; uma incapacidade de garantir o meu futuro, de me proteger, de viver com clareza e segurança ou de repelir a vergonha e o sofrimento.

Quando se é esperto o bastante, dissimulado o bastante ou equilibrado o bastante, é possível reduzir as expectativas e realizar muito daquilo que se propõe. Uma pessoa assim é capaz de garantir seus perímetros e viver sem se sentir fracassada, impotente ou envergonhada diante daquilo que poderia ter sido e não é. Mas quem não consegue esse feito — por causa de sua história, ou temperamento, ou circunstâncias — experimenta o fracasso no centro da vida. E essa experiência, em vez de militar contra o seu sacerdócio, faz parte de sua estrutura essencial.

Que mistério paradoxal: a força do sacerdócio reside precisamente na fraqueza de nossa humanidade e é por ela canalizada. Por quê? Por duas razões, acredito. A fraqueza nos põe profundamente em contato com as pessoas a quem servimos; permite que sintamos junto com elas as circunstâncias humanas em que vivem, a luta e a escuridão humana e a angústia que clama por salvação. Além disso, a fraqueza nos põe em contato profundo e apostólico com Deus, porque fornece a arena em que seu poder pode se mover e se revelar; seu poder é manifesto na fraqueza.

E assim Paulo exclamou:

> Portanto, eu me gloriarei ainda mais alegremente em minhas fraquezas, para que o poder de Cristo repouse em mim. Por isso, por amor de Cristo, regozijo-me nas fraquezas, nos insultos, nas necessidades, nas perseguições, nas angústias. Pois, quando sou fraco é que sou forte.
>
> 2 Coríntios 12:9-10

Há uma consequência coletiva que se segue a tudo isso. Nossas comunidades cristãs devem tornar possível uma vida assim; devemos apoiar uns aos outros na fraqueza, perdoando as faltas diárias uns dos outros e carregando os fardos uns dos outros. É absurdo afirmar a fraqueza como parte da vocação sacerdotal e da vida espiritual e depois menosprezar os fracos, ressentir-se dos insensíveis e desajeitados, permitir que as discordâncias se transformem em hostilidades ou dar vazão a batalhas e iras por causa de sentimentos pessoais.

O mandamento e o juízo que repousam sobre nossa vida é que devemos amar uns aos outros como ele nos amou — como ele se importou, em sua fraqueza, por nossa fraqueza. Esse é o alicerce de nossa vida comunitária, o mistério profundo de nossa presença mútua em Cristo Jesus, e sempre uma convocação urgente para nos reconciliarmos uns com os outros.

Mas as palavras são cheias de coragem; difíceis são as ações. Se eu sou um frade típico, fracassei nesse ponto muito mais vezes do que sou capaz de relembrar. Contudo, há algo de que nunca me esquecerei. Nesses anos, desde que retornei de um centro de reabilitação para alcoólicos em Hazelden, ninguém jamais mencionou na comunidade que eu era um beberrão. Além disso, não sofri com ares de superioridade; nada de ameaças, cautelas, admoestações ou restrições em minha vida ou ministério; nenhum vestígio de preocupação ou ansiedade em relação a alguma recaída.

Ouvi uma história sobre Margarete de Cortona, a Maria Madalena dos franciscanos. Ela abandonou uma vida de pecado público, voltou-se para a oração e a penitência, e por fim foi canonizada. Certa noite, ao orar em uma pequena capela em Assis, um irmão franciscano aproximou-se dela e abruptamente ordenou que deixasse a capela: “São seis da tarde, e preciso fechar tudo por aqui”. Margarete retirou-se humildemente, mas ressentida.

Mais tarde aquela noite, ao falar com nosso Senhor, ela se queixou da descortesia do irmão e apresentou junto algumas outras queixas que tinha a respeito dos frades. O Senhor a escutou pacientemente. Quando Margarete terminou sua arenga, ele disse suavemente:

— Minha pequena, todas as coisas que você diz sobre os frades são verdade e apenas parte de tudo o que há, mas não me posso irritar com eles.

— Por que, Senhor? — Margarete perguntou.

— Porque eles fazem uma coisa que compensa todas as suas falhas. São bondosos e gentis com os pecadores.

Não é uma comunidade perfeita, e continua a necessidade de constante renovação. Mas esses são os homens sobre quem o falecido Maurice Stokes afirmou: "Conduziram-me para Deus e me ensinaram o sentido da amizade". Homens honoráveis — tem sido um privilégio viver com eles.

> "Pois os meus pensamentos não são os pensamentos de vocês, nem os seus caminhos são os meus caminhos", declara o SENHOR. "Assim como os céus são mais altos do que a terra, também os meus caminhos são mais altos do que os seus caminhos, e os meus pensamentos, mais altos do que os seus pensamentos."
>
> Isaías 55:8-9

Senhor, a coisa mais impressionante em ti
é que sempre
pensas melhor a nosso respeito
do que nós mesmos.

Sempre
tens mais confiança em nós
do que nós mesmos.
Sempre
nos achas mais atraentes
do que nós mesmos.
Sempre
contas mais conosco
do que nós mesmos.
Sempre
nos conheces melhor
do que nós mesmos.
Sempre
nos perdoas
antes mesmo de conseguirmos
nos perdoar.
Sempre
nos aceitas como somos
antes mesmo de conseguirmos
nos aceitar.
Sempre
nos amas mais
do que conseguimos
nos amar.

Obrigada, Senhor,
por seres quem és.

CAPÍTULO 13

Bom humor

Quando a falecida Katherine Granahan foi tesoureira dos Estados Unidos no período Kennedy, ela esteve em nosso seminário em Loretto para palestrar sobre pornografia e censura. Quando um canonista lhe pediu que definisse pornografia, a agitada senhora respondeu: "Não sei defini-la, mas reconheço quando a vejo!".

O bom humor é uma dessas qualidades mais facilmente percebidas que definidas. Como muitas das coisas extraordinárias – a beleza de uma sinfonia de Beethoven, a força de uma pintura de Van Gogh, o encanto de uma pessoa bem-educada –, o bom humor é tão indefinível quanto real. Poderia ser definido negativamente, como a eliminação de tudo que ofende, entristece ou preocupa o outro; a eliminação de toda desordem, defeito e maneirismo que torna a vida mais difícil e mais irritante para o outro – amuo, afetação, melancolia, conversas tolas, teimosia, aquela odiosa batidinha nas costas das pessoas. Minha ex-namorada, Barbara, disse-me certa vez: "Que coisa! Seus modos à mesa são repulsivos!". Esse tipo de coisa.

No aspecto positivo, o bom humor pode ser definido como uma cortesia sem afetação, uma cordialidade sincera. É sereno, suavizante, direto e afável. Leva-nos a querer fazer o impossível para ser agradável às pessoas e evitar o modo relaxado que muitos de nós adotam entre nossos amigos íntimos. Interiormente, o bom humor é uma disposição para o serviço benevolente, uma capacidade de considerar o outro, independentemente de suas origens, como filhos e amigos de Deus.

A eficácia no ministério é intensificada pelo bom humor. Lembra-se da oração de Teresa de Ávila: "Livra-nos, ó Senhor, das devoções tolas e dos santos de cara azeda"? Bom humor não é sorriso superficial, a atitude de quem para tudo dá um sorrisinho sem reclamar, nem a mentalidade "na crista da onda". Está seguramente enraizado na convicção de que *sou amado por Deus como sou, não como devo ser*. Essa disposição convida as pessoas a amar e a admirar o estilo de vida do evangelho. O cristão bem-humorado que aceita as pessoas como são, não como deveriam ser, é um evangelista. O evangelista zeloso, mas mal-humorado pode levar as pessoas a dizer: "Se isso é o que a religião faz com você, muito obrigado, pode ficar com ela!".

Num dia de inverno, pouco antes de eu ser ordenado, estava descendo uma gélida colina em Loretto, a caminho da aula. A estrada era um lençol de neve junto com gelo quase derretido, e o vento chicoteava minhas roupas. Pingentes de gelo haviam se formado nas minhas sobrancelhas, e meu rosto estava torcido numa careta cheia de rugas. Eu não parecia salvo, nem me sentia assim.

Estava acompanhado pelo padre Anton Feyer, suíço de nascimento, de setenta anos de idade, que ensinava hebraico, grego, história da igreja e o que mais fosse necessário no seminário. Havia pingentes de gelo também em suas grossas sobrancelhas, mas seu rosto estava iluminado por gargalhadas, como se no meio de um jogo que ele apreciasse grandemente.

Seus olhos cintilavam, sua papada e barriga subiam e desciam e um sorriso maroto vinha dos cantos de sua boca. Parecia o Papai Noel deixando o Polo Norte na véspera de Natal. Irritado, perguntei:

— Por que está tão feliz, padre Feyer?

Ele olhou para mim e, com seu pesado sotaque alemão, respondeu:

— *Irmon* Brennan, sou membro de uma COmunidade *r-r-redimida*!

A consciência bem viva de sua verdadeira identidade e filiação na comunidade do povo de Deus gerava um calor e uma afabilidade que os nossos sincelos e o gelo não podiam penetrar.

Por meio do bom humor, o cristão triunfa sobre aquela forma sutil de egotismo que o faria bancar o mártir ou ao menos uma vítima, que o faz querer ser notado, consolado ou realçado num pedestal. E faz que a vida em comunidade seja mais rica e encantadora.

Paulo chamou o bom humor de um carisma e exortou a comunidade cristã de Filipos a manifestá-lo:

> Alegrem-se sempre no Senhor. Novamente direi: Alegrem-se! Seja a amabilidade de vocês conhecida por todos. Perto está o Senhor. Não andem ansiosos por coisa alguma, mas em tudo, pela oração e súplicas, e com ações de graça, apresentem seus pedidos a Deus. E a paz de Deus, que excede todo o entendimento, guardará o coração e a mente de vocês em Cristo Jesus.
>
> Filipenses 4:4-7

Depois de uma entrevista com alguém, Abraham Lincoln fez o seguinte comentário a sua secretária:

— Não gosto do rosto desse homem.

Ela reagiu, espantada:

— Mas o rosto dele é assim; ele não é responsável por seu rosto.

E Lincoln respondeu asperamente:

— Depois dos quarenta, todo homem é responsável por seu rosto.

Meu rosto é o espelho das minhas melancolias e rabugices. Depois de quatro décadas morrendo e ressurgindo, deveria ter adquirido maturidade emocional suficiente para dominar meu mau humor e manter uma expressão facial tranquila. Creio que era isso que o "Franco Abraão", como era conhecido, estava querendo dizer.

Eu não estaria escrevendo este pequeno capítulo se uma mulher não me tivesse perguntado hoje de manhã: "Por que você está com tanto mau humor?".

> Todos os dias do oprimido são infelizes, mas o coração bem-disposto está sempre em festa.
>
> Provérbios 15:15

Senhor, obrigada
pela dádiva do riso.
Pelas risadas ruidosas
dos meninos
quando mergulham os pés em águas barrentas.
Pelos risinhos inevitáveis
das meninas,
aglomeradas como um buquê de margaridas.

Pelas risadinhas gostosas
de um bebê durante o sono.
Pelas altas gargalhadas
de um grupo grande de meninos adolescentes.
Pela ondulação clara e altissonante
do riso de uma garota.
Pelos sorrisos doces e sábios
dos mais velhos.
Pelo riso afável e compartilhado
dos amantes por toda parte.

Obrigada, Senhor,
por essa dádiva do riso.

CAPÍTULO 14

EVANGELIZAÇÃO

"O cristianismo passará. Eu encolherei e desaparecerei. Nem preciso argumentar uma coisa dessa; tenho total certeza, e isso ficará mais que provado. Somos mais populares que Jesus agora; não sei qual passará primeiro — o *rock'n'roll* ou o cristianismo."

Essa citação foi extraída de um artigo escrito muitos anos atrás pelo falecido John Lennon, membro e letrista dos Beatles. Um dia depois que o artigo foi publicado, os Beatles foram saudados em um aeroporto de Londres por dez mil adoradores que gritavam: "Viva John! Abaixo Jesus!". Milhares de americanos ressentiram-se pela natureza sacrílega da observação de Lennon e começaram uma campanha de boicote aos Beatles. Mas a observação mais perceptiva sobre o assunto foi feita por Thurston Davis, o já falecido editor do semanário jesuíta *America*: "Parece-me que Lennon estava apenas pondo em palavras o que muitos educadores cristãos admitiriam — que o cristianismo precisa ser reavivado outra vez no coração dos jovens".

Em 23 de agosto de 1978, o seguinte artigo foi publicado no *Times*, em St. Petersburg, Florida: "Os estudantes imediatamente identificaram os Beatles com o álbum e o filme *Os reis do iê, iê, iê* [*A Hard Day's Night*]", disse o dr. Arthur M. Sanderson. "Mas menos de um terço atribuiu o Sermão do Monte a Cristo."

O dr. Sanderson é professor da Universidade da Flórida, em Tampa, e chefe da divisão de jornalismo, departamento de comunicação em massa. Há não muito tempo, forneceu, em sua aula de Introdução à Notícia, uma lista de cem obras clássicas – pinturas, livros, música, invenções – e pediu que os alunos identificassem seus criadores. "Os resultados", disse Sanderson, "eram simplesmente desanimadores. A pontuação média foi de aproximadamente 20 acertos dentre as 100 questões apresentadas". Conclusão de Sanderson: a leitura, a escrita, a comunicação e a escuta para os jovens de hoje se reduziram exclusivamente ao ato de escutar, mas o que estão escutando e ao que estão prestando atenção são os álbuns mais recentes de *rock*, *Kojak* e *A mulher biônica*.

A previsão de John Lennon era mesmo funesta. Desde essa época, a participação na missa aos domingos decaiu em 27%. As matrículas em seminários diminuíram drasticamente. Diminuiu a participação sacramental em todos os níveis, e a taxa de divórcios na comunidade cristã elevou-se ao nível assustador de 51%.

Os padres do Concílio Vaticano II, abordando a missão da igreja no Decreto sobre o Apostolado Leigo, disseram: "A primeira tarefa é a evangelização e santificação, levar as pessoas à fé consciente em Jesus Cristo. A segunda é a obra de renovar a ordem temporal, e a terceira, as obras de caridade e os trabalhos concretos de misericórdia". Paulo VI emitiu uma convocação à ação para fazer da evangelização a prioridade máxima da igreja universal, e o mesmo tema tem sido ecoado pela hierarquia americana nas reuniões do Conselho Nacional de Bispos Católicos. Infelizmente essa chamada não foi atendida.

A missão fundamental da igreja é pregar as Boas-novas de Jesus Cristo. Mas tem havido uma perda da fé no poder da Palavra. Sentimos que ela não será eficaz se a reproduzirmos como é. As pessoas se desinteressarão. Em primeiro lugar, vamos reconstruir a ordem temporal.

Mas há uma ruptura alarmante entre o raciocínio humano e aquilo que a Palavra de Deus define como a prioridade. A guerra, a solidão, a fome no mundo, o aborto estão enraizados na rebeldia do homem. O homem precisa submeter-se em fé a Jesus Cristo e arrepender-se. A resposta não está em apor curativos aqui e lá nesse ou naquele problema moral. A evangelização acerta o alvo em cheio — o homem deve submeter-se em fé a Jesus Cristo e arrepender-se. Deve abjurar de sua autonomia e autossuficiência. A apropriação pessoal da morte e da ressurreição de Cristo é o principal alicerce para a comunidade cristã e para a paz mundial. Deixar de atender ao imperativo do evangelho de evangelizar resultou em uma manutenção da forma do cristianismo ao mesmo tempo que seu poder é negado. Belas liturgias; encontros regionais, nacionais e internacionais reunindo grandes multidões; cruzadas contra a imoralidade, tudo isso é bom e tem seu lugar, mas não substitui de modo suficiente a morte para o eu. Um compromisso declarado à pessoa de Jesus Cristo é a essência da mensagem evangélica. Quando ele deixa de ser claramente o centro, o resultado é confusão a respeito da missão da igreja. O brado de guerra passa a ser "Envolva-se nas questões de seu tempo. Não fuja das situações. Tenha algo a dizer. Dê testemunho". Mas, se o problema central do mal cósmico, mundial e pessoal for a rebeldia humana, se a solução radical não se puder alcançar sem uma conversão a Jesus

Cristo, então a missão da igreja é pregar o evangelho a todas as criaturas, convidando-as a se arrependerem e a encontrar a salvação.

Estudos como o de Sanderson realçam a importância da escuta em nossa cultura. Obviamente, o principal meio de evangelização é a proclamação da Palavra por meio do horário nobre na televisão, no rádio, nas gravações. Entretanto, Sanderson também frisou a elevada importância da qualidade da apresentação. *Os reis do iê, iê, iê* foi rapidamente identificado porque as letras dos Beatles, seu ritmo e sua presença comunicavam algo a Esta geração.

A minha experiência, bem como a de muitos outros evangelistas, provam que você pode comunicar a mensagem como ela é, que a maioria das pessoas não perde o interesse e que a Palavra não retornará vazia. O padre John Bertolucci foi a uma recepção de casamento e acabou evangelizando seiscentas pessoas. Em Marrero, Louisiana, durante uma renovação paroquial, pediram-me que falasse a trezentas alunas do ensino médio. Para elas, era como uma apresentação teatral encomendada. A maioria nem queria estar lá. Vieram para a igreja levianamente, conversando, rindo e só pensando no almoço, ao meio-dia, morrendo de fome como estavam. Planejei falar por uma hora sobre o tema "Jesus Cristo crucificado: poder de Deus e sabedoria de Deus". Não conseguia terminar. Após quarenta minutos, o choro era tão estridente que tive de parar. Convidei as meninas para virem à frente e venerarem a cruz como fazemos na Sexta-feira Santa. O movimento delas do assento ao santuário representou um movimento para longe das trevas em sua vida rumo à luz que é Jesus Cristo, uma conversão, uma volta do egocentrismo para o Homem que as amava e se deu por elas. "Mas, por amor de Cristo", implorei, "não venham aqui se tudo o que estiverem fazendo não passar de um jogo, uma brincadeira. Voltem amanhã, ou ano que vem, ou daqui a vinte anos, mas não escarneçam do maior Amante que o mundo jamais conheceu. Já temos falsos e impostores de sobra na igreja, honrando Jesus com os lábios e negando-o com a vida que levam".

Então escutamos os monges do Convento de Weston recitar Oseias: "Voltem-se a mim de todo o coração; não permitam que o temor nos separe. Há muito espero que retornem para casa, para mim, e vivam profundamente nossa vida nova". (Os adolescentes se recordarão muito depois que desaparecer *Os reis do iê, iê, iê.*) O pastor adjunto estava presente e considerou espetacular a experiência: Deus encheu a igreja. Pregar Cristo crucificado sem encenações e teatralidades dá vida ao espírito. Compartilho dessa experiência não para trazer glória a Brennan, mas para testemunhar do poder da Palavra de Deus.

O padre John Powell, S.J. (Sociedade de Jesus), falou por três noites consecutivas na televisão, em horário nobre, na Filadélfia, durante a Semana Santa de 1978 sobre a imagem de Deus no homem. Quando retornei lá na Páscoa, a cidade — barbeiros, donos de bares, policiais, donas de casa — não falavam sobre mais nada. A vida da igreja experimentará uma revolução quando o capital de nossos talentos, recursos humanos e finanças for investido no ministério da evangelização.

Quando o cardeal Paul-Émile Léger deixou Montreal em 1969 para viver em uma colônia de leprosos na África, ele disse: "Acabou o tempo de falar". No contexto de sua vida pessoal, isso foi algo comovente e extremamente válido. No contexto da evangelização, o tempo de falar acabou de começar.

> Peçam, e lhes será dado; busquem, e encontrarão; batam, e a porta lhes será aberta.
> Pois todo o que pede, recebe; o que busca, encontra; e àquele que bate, a porta será aberta.
>
> Mateus 7:7-8; Lucas 11:9-10

Senhor, estou de novo tirando o corpo fora.
Tenho de tomar uma decisão
que eu resolutamente desprezei
até agora.
Estou me comportando como o tão falado
avestruz:
faça de conta que o problema não existe
por tempo suficiente para que deixe de existir.
Mas as coisas não funcionam assim,
e sei disso.
Em algum momento, terei de fazer
algo,
de uma forma ou de outra.
E, como isso é importante para mim,
estou morrendo de medo.
Não quero decidir;
quero me esquivar até que seja tarde demais
para eu decidir qualquer coisa.
Quero que outra pessoa
tome a decisão por mim;
que alguém mais assuma
a responsabilidade.
Assim, se a decisão estiver errada,

o culpado não serei eu.
Senhor, perdoa-me.

Pareço ter esquecido
que, se eu perguntar,
me dirás o que fazer.
Tu me ajudarás a decidir
por qual caminho seguir;
e, se eu pedir,
tu me darás a coragem
para seguir teu conselho.

Senhor, que eu siga tua vontade em tudo isso,
não a minha.
E, uma vez que eu a descubra,
que a tua vontade passe a ser a minha.

CAPÍTULO 15

A SAIDEIRA

A Clínica Hazelden, no Minnesota, para reabilitação de dependentes químicos, é considerada a melhor do mundo. Milhares de alcoólicos e usuários de drogas foram conduzidos à paz interior e à sobriedade serena com seu programa de trinta dias. Uma das características do programa é uma série de filmes de baixa qualidade, dirigidos com orçamento apertado, sobre os efeitos debilitantes da ingestão de grandes quantidades de bebida.

Era uma manhã chuvosa de quarta-feira. Cerca de 150 residentes estavam reunidos no auditório. O filme tratava de um advogado do Canadá que tomava um trago em seu escritório de manhã (a garrafa ficava escondida atrás de uma prateleira de tomos jurídicos), tomava uns dois martínis no almoço, dava uma parada num bar da vizinhança na ida para casa e bebia várias doses no jantar. As síncopes começaram; os mata-bichos da manhã passaram a ser uma necessidade para parar de tremer. Tinha passado de uma prática de beber pesadamente para um alcoolismo crônico. Um bêbedo bonachão que nunca ficava hostil ou violento, ele se orgulhava de seu comportamento distinto.

Certa noite, quando a esposa, distraída, lavava a louça, ele refletiu sobre quanto era feliz por ter três filhos tão maravilhosos. Sua preferida era a Meggie, de quatro anos de idade. Primeiro, ele tomaria a saideira. Depois ele a tomou nos braços, tirando-a do chão, levou-a para fora, até o carro, e orgulhosamente anunciou: "O papai e a pequena Meggie-Weggie vão dar uma voltinha de carro; só eles dois". Saiu da garagem, descendo a rua, fez uma curva à direita e não viu que o semáforo estava fechado. O filme terminou no acidente de automóvel mais grotesco que já presenciei, com o corpo mutilado de Meggie espalhado por toda a rua.

O homem que estava ao meu lado no auditório levantou-se apressadamente, gritando: "Pelo amor de Deus, parem com isso!". Saiu correndo do teatro com a cabeça enfiada nas mãos. Tinha feito a mesma coisa com seu filho de três anos.

Em 2007, 41.059 americanos foram mortos em acidentes de trânsito. As autoridades de trânsito não se permitem hipóteses infundadas. Declaram categoricamente que metade de todos os acidentes automobilísticos nos Estados Unidos está relacionada ao álcool. Dirigir de modo que exponha a vida e a propriedade humana é imoral. A segurança no tráfego, certamente, é mais do que um problema moral. Para todas as Meggies e suas famílias neste país, é uma tragédia indizível.

Dirigir de forma irresponsável, em geral aliado a alta velocidade e embriaguez, é um mal moral em âmbito pessoal, mesmo quando não se consuma o acidente. Um pecado assim é mais grave do que muitas outras transgressões morais que confessamos. É uma falha com plena responsabilidade moral contra o próximo.

Digo por experiência própria, não há nada mais odioso que um ex-alcoólatra. Mas não escrevo estas palavras para pregar a quem quer que seja ou para assentar os alicerces de uma nova liga antialcoólica. Este suvenir foi escrito durante um dos momentos mais desalentadores de minha vida, vivendo a angústia do meu passado e tremendo diante do que ele poderia ter se tornado. Nunca sofri um acidente nem recebi uma multa por dirigir alcoolizado, mas me ajoelho perante o Pai das Misericórdias, pedindo perdão pelo meu descuido, minha desconsideração insensível pela vida, e intercedo por todas as Meggies deste país, suas famílias e os pobres coitados que ainda gritam durante a noite: "Pelo amor de Deus, parem com isso!".

Senhor, há uma coisa sobre a qual
eu queria falar contigo.
Bem por esses dias
algumas pessoas que eu conheço
vêm me dizendo
como eu sou boa.
Elas têm me dito
que sou santa.
Elas se referem a mim
como uma santa.
Creditam-me
todos os tipos de virtudes
que simplesmente não tenho.
E, embora isso possa ser maravilhoso
para o meu ego,
não é bom
para a minha alma.
Fico incomodada, Senhor.
Meus protestos
são considerados mera modéstia.
Minhas negações
são tidas por gestos de humildade.

Senhor, mantém-me
com os pés no chão.
Não me deixes
subir
nesse pedestal.

Senhor, tu sabes quem eu sou.
Não me deixes esquecer disso.

CAPÍTULO 16

JEJUM E ORAÇÃO

"Então os discípulos de João 'vieram perguntar-lhe: 'Por que nós e os fariseus jejuamos, mas os teus discípulos não?'. Jesus respondeu: 'Como podem os convidados do noivo ficar de luto enquanto o noivo está com eles? Virão dias quando o noivo lhes será tirado; então jejuarão'" (Mt 9:14-15).

O psicólogo italiano Psichiari observou certa vez que "a melhor preparação para a oração é um punhado de encontros e um copo d'água". O jejum alimentar é a união do corpo à fome que o espírito tem de Deus. Mesmo após um jejum de um dia, percebo que mais prontamente passo a experimentar o desejo ardente por Deus expresso no salmo 63: "Ó Deus, tu és o meu Deus, eu te busco intensamente; a minha alma tem sede de ti! Todo o meu ser anseia por ti, numa terra seca, exausta e sem água".

O jejum é o clamor da pessoa por inteiro, corpo e alma, um anelo de que a justiça de Deus seja revelada. Por essa razão, os fariseus e os discípulos de João jejuavam. Jesus disse: "Vocês não precisam jejuar agora. Aquilo de que vocês tinham fome, aquilo por que ansiavam, está aqui".

Mas por que não o reconheceram? Homens bem-intencionados, assíduos na oração e nas disciplinas pessoais, eles perderam o momento da visitação; não o reconheceram como o cumprimento da plenitude dos tempos. Por quê? O padre jesuíta Frank Miles, guia espiritual veterano, observa que, todos os anos em que conduziu pessoas ao Senhor, o maior obstáculo na vida de oração e a maior dificuldade na união com Deus foram as *expectativas*. Senhor, jejuei, neguei a mim mesmo, perdi quase dois quilos e passei pelos açoites do inferno. Agora conto que venhas com doçura e alegria, enchas meu coração de paz e abundantemente recompenses todo aquele jejum árduo. É esse o critério da boa oração? Se for, então a oração de Jesus no jardim de Getsêmani foi um fracasso.

Minha expectativa não é de um Deus que me chegue com fracasso, com solidão, com pobreza. Não é isso o que eu quero! Mas Deus vem a mim onde vivo e me ama onde estou. Quando não me encontro no lugar em que deveria estar, Deus não pode encontrar-se comigo. Mas, quando permaneço onde estou, com tudo o que se move dentro de mim, experimento a salvação. Não é também assim na sua experiência? O Senhor está dizendo: "Não quero seus pensamentos profundos, os atos magnânimos de amor que tão facilmente deslizam de seus lábios, suas ofertas queimadas e holocaustos; quero seu coração"?

Certa noite, já bem tarde, enquanto eu dirigia para a casa de retiro Cenacle, em Nova Orleans, fiquei sonolento ao volante. Eu tinha acabado de encerrar uma oficina carismática e havia jejuado por três dias. A fadiga me dominou, e achei prudente parar numa hospedagem de beira de estrada. Quando entrei no meu quarto, liguei a televisão para assistir ao noticiário e me sentei na cama. Olhei para a tela e vi uma orgia sexual desenfreada. (Ao entrar, não percebi que o luminoso com os dizeres "Quarto com filmes eróticos" estava apagado.) Dei um salto da cama, pus-me de pé e corri feito um raio até o outro lado do quarto para mudar de canal. Mas parei bem onde estava e retornei para a cama. Curvei a cabeça e orei: "Senhor, por três dias servi a teu povo, jejuei e orei. Honra minha sinceridade e não permitas que essas imagens impuras permaneçam em minha mente".

As imagens permaneceram. "Livra-me da cobiça sexual, Senhor", gritei bem alto. A inquietação interior continuava. O Jesus de Nazaré redentor e libertador não veio ao encontro das minhas expectativas. Foi então que me ocorreu uma palavra de verdade: "Ajude-se a si mesmo!".

Calmamente eu disse: "Senhor Jesus, estou ficando realmente desperto sexualmente e sinto uma excitação cada vez maior dentro de mim. Mas prefiro o prazer da tua amizade à excitação transitória desse filme pornográfico. Quero a ti e nada mais". Depois disso, então, levantei-me e mudei de canal.

Eis o que aprendi com essa experiência: quando reajo de maneira irracional, em pânico, aos estímulos sexuais, tudo o que consigo é *reprimir* as imagens no meu subconsciente; depois então elas voltam, ou mais tarde naquela noite ou no dia seguinte, para me atormentar. Quando eu admito culpa e peço clemência — "Liberta-me, Senhor" —, isento-me de toda responsabilidade pelo que acontecerá depois. Mas a verdade pungente é que eu não tomei a *decisão* a favor do senhorio de Jesus Cristo. Os seres humanos são mais parecidos com Deus do que qualquer outra espécie no Universo, porque temos a liberdade de escolher, de obedecer ou de nos recusar a obedecer. Minha resposta espontânea e programada não só estava em desarmonia com Deus e era anticristã, mas era sub-humana. Recusei-me a lidar com a tentação de uma forma livre e madura. Entretanto, quando tomo uma *decisão* pessoal consciente, a imagem sexual é suprimida e não voltará a me assombrar mais tarde. Nesse contexto, a tentação é mais um convite ao amor do que uma sedução para o mal.

O Senhor não veio ao encontro das minhas expectativas. Veio até mim onde eu vivia, com tudo o que se movia e se agitava dentro de mim, e me deu o poder de escolher. E a salvação entrou em minha casa.

Bem, Senhor, de novo tropecei na minha dieta,
e a queda produziu aquele ruidoso estrondo.
E estou me sentindo culpada.
Nós dois sabemos
não ser mais uma questão
de simplesmente perder peso.
Nós dois sabemos que estou doente.
Compreendo que tenho uma doença
que pode ser controlada
somente por uma dieta rigorosa.
E eu deveria ser
adulta o bastante,
madura o bastante
para aceitar esse fato
e não perdê-lo de vista.

Mas, Senhor, sabes como sou fraca.
Especialmente quando sinto fome!
E na noite passada senti muita fome
de todas aquelas coisas
que não me são permitidas.

Senhor, ajuda-me.
Não consigo sozinha.
Quando tiver fome,
lembra-me
das centenas de milhares
de crianças
que pertencem a ti
e morrem de fome.
Quando sou tentada
e me ressinto com as limitações
da minha dieta,
lembra-me de todas aquelas pessoas
que se sentiriam
abençoadas
por ter a quantidade de alimento
que a minha dieta permite.

E, Senhor, quando sinto tanta fome,
que acredito não poder suportar,
alimenta-me mesmo de ti,
e ficarei satisfeita.

CAPÍTULO 17

PENITÊNCIA

"Arrependam-se" (Mc 1:15).

Durante as décadas que passei com a comunidade franciscana, segui algumas práticas penitenciais realmente estranhas, e vi outras pessoas se entregarem de maneira semelhante. Não consigo imaginar nenhum relacionamento humano resistindo, muito menos melhorando, por meio dessas tolices legalistas.

Imaginem um marido e uma esposa casados há dois anos e com um filho recém-nascido. São cinco horas da tarde numa sexta-feira, e o marido deixa o escritório. Ele anseia estar com a esposa e passar a noite a sós com ela. Já no intervalo do almoço, havia ligado para ela. A caminho de casa, compra uma rosa vermelha com um caule bem longo. Visualiza a esposa na entrada da porta iluminando-se de alegria com sua chegada. Mas ela não aparece na porta.

Ele entra na sala. Ela não está lá. Ele a encontra à mesa de jantar, escrevendo.

— Oi — ele diz.

Nenhuma resposta. Ela lhe entrega a lista que acabou de finalizar. O título diz "Coisas que fiz hoje que o ofenderão": 1) derramei uma gota de leite (valor: cerca de quatro centavos); 2) passei suas camisas com descuido; 3) duas vezes, ao preparar o jantar, permiti que minha mente parasse de pensar em você.

– Que raios está acontecendo aqui?

Com uma expressão solene no rosto, ela entrega a segunda lista: "Coisas que fiz hoje que o agradarão": 1) recusei-me a ligar a televisão; 2) deixei o bebê chorar sem parar o dia inteiro; 3) almocei uma comida barata e horrorosa só por você.

– Marie, está tudo bem com você?

Cabisbaixa e com o olhar triste, ela entrega a última lista: "Todas as coisas que quero que você me dê".

Ele afunda na poltrona da sala. Ela liga a televisão e se senta à distância. Olha fixamente para o televisor. Ele percebe que estão a muitos e muitos quilômetros de distância. Os dois estão sozinhos.

Talvez o Senhor ria das maneiras excêntricas em que tentamos agradá-lo. Mas a verdade permanece: não captamos o sentido fundamental da Encarnação – que, ao tornar-se Homem, o Noivo é inteiramente humano, que tem um coração humano sensível e anseia ser tratado de uma maneira humana.

A penitência evangélica tem uma finalidade dúplice: superar a desordem e a desarmonia em nossa vida e aprofundar nosso relacionamento com Jesus Cristo. Deve ser corretiva e produtiva. Foi altamente esclarecedor um diálogo que tive em Wernersville, na Pensilvânia, com o padre George Schemel, S.J. (Sociedade de Jesus), sobre o assunto "Qual seria a maneira mais adequada de fazer penitência?". Uma abordagem adequada à penitência depende da maneira que o espírito foi ferido. De que forma feri o espírito dentro de mim? Como me feri? Como queimei ou danifiquei a força vital da minha vida, que me dá o fôlego de vida? Obviamente a maneira mais apropriada para fazer penitência é realizar aquilo que reaviva e revitaliza o espírito dentro de mim. Mais ou menos como deixar que a punição compense o crime.

Por exemplo, se minha desolação brota de uma vida que só trabalha e nunca se diverte, então a maneira adequada de fazer penitência pode ser ir a uma sinfonia, a um cinema ou a uma partida de futebol. Pode ser tirar um tempo para visitar meus amigos. Se minha desolação vem de uma solidão indevida, a penitência adequada pode ser fazer um esforço sério para comunicar meus verdadeiros pensamentos às pessoas ou a um grupo. Se minha desolação é oriunda de sentimentos de insinceridade e inverdade, então uma penitência significativa seria me abrir com sinceridade e verdade com meu guia espiritual. Se minha desolação nasce de perceber que não consigo realizar nada com a minha preguiça, então uma penitência adequada seria alguma disciplina que me force a fazer algo em especial, como escrever uma carta, limpar o forno, cortar a grama. A questão no fundo é: "Como o espírito foi amortecido?". A penitência adequada deve sempre ser talhada para reavivar e reanimar o espírito.

É preciso ter em mente que estamos aqui usando *espírito* no sentido bíblico do termo. Espírito não se refere ao imaterial. Estamos falando aqui da pessoa. A pessoa é um espírito-no-corpo-e-no-mundo. O espírito não é esotérico ou desincorporado. A matéria e o espírito são uma só coisa. Era como Paulo se referia ao espírito em suas cartas. Quando dizia que o espírito guerreia contra a carne, não estava pensando em algum ser pneumático guerreando contra nossos ossos, carne e sangue (cf. Ef 6:12). O espírito para Paulo *eram* aqueles ossos, carne e sangue. A "carne" para Paulo era aquela pessoa que não se acha sob a égide da fé. Assim, o espírito e a matéria são uma só coisa.

Quando falamos, então, em ferir o espírito, não estamos falando de um sopro de vapor cinzento que vive em algum lugar dentro de nossa mente ou coração. Nem estamos falando do Espírito Santo, que habita em nosso ser. Estamos falando de uma ferida feita à pessoa — na sua inteireza. A pessoa que se senta bem aqui agora na saúde ou na doença, na alegria ou na tristeza, no amor ou no ódio, ou em qualquer situação que seja. Isso naturalmente destina um foco muito maior no corpo. É bíblico, pré-paulino, pré-Cristo e muito atual.

Senhor, às vezes desejei
que não mais me desafiasses.
É o que sempre fazes.
É só eu me virar
e tens mais uma surpresa
para mim.
E os teus desafios
conseguem
virar tudo
de cabeça para baixo.
Obrigam-me a mudar coisas
em que eu não queria mexer.
Levam-me a fazer coisas
que nunca fiz antes.
Arrancam todo o
desvanecimento
de mim.
São perturbadores.

Perdoa-me, Senhor,
por querer que parasses

de me desafiar
a aprender,
a crescer,
a me entregar,
a amar,
a viver.
Sem esses desafios
que me lanças,
eu morreria.

CAPÍTULO 18

A CRIANÇA E O FARISEU

O crescimento no Espírito será no fim um beco sem saída se o cristão se focalizar somente na dicotomia sujeito bom/sujeito mau em sua personalidade, ou seja, a oposição entre pecador e santo. Chega a ser irrealista. Sua vida foi purificada de todas as falhas morais graves, e ele está tentando ser um homem amoroso; contudo, nunca chega à liberdade interior que Deus quer que seus filhos experimentem. Nesse momento crítico, ajuda focar-me na criança que há em mim, e não no meu fariseu interior.

A criança representa o meu eu legítimo, e o fariseu, o ilegítimo. A psicanálise tem por objetivo afastar o paciente de sua falsidade, falta de autenticidade e da pseudossofisticação, conduzindo-o a uma abertura pueril diante da realidade, em direção ao que Jesus nos ordena ser: "... a não ser que vocês [...] se tornem como crianças...". Por quanto tempo uma criança guarda um rancor, nutre uma amargura, abriga um ressentimento? Um dia, fazendo o meu *cooper*, vi dois meninos de perto de sete anos começarem a brigar. Sendo eu um verdadeiro instrumento da paz, meio que me escondi na entrada de uma das portas da rua para observar no que aquilo ia dar. O menino mais pesado rapidamente dominou o mais leve, apertou seus pulsos contra o chão e perguntou: "Desiste?". O vencido se rendeu. Um minuto depois, enquanto tirava o pó e a areia das calças, o vencedor perguntou: "Quer um pedaço do meu chiclete?". O outro aceitou, e os dois desceram a rua abraçados.

Os fariseus eram virtuosos, mas inautênticos. Faziam certo as coisas certas, aplacavam Deus (assim pensavam), mas estavam confinados a uma camisa de força de legalismo, ritualismo e formalismo. Eram fechados para a vida, para a graça e para Jesus Cristo. Hoje, em alguns lugares, o fariseu passaria como "um bom cristão". É bom lembrar que os Evangelhos foram escritos para todos nós. Ilustram situações fundamentais da vida; o tempo e o espaço são irrelevantes. Maria Madalena era pecaminosa, mas aberta.

A criança interior tem ciência de seus sentimentos e se move livremente no Espírito para expressá-los. O fariseu filtra os sentimentos e esboça uma reação estereotipada diante das circunstâncias da vida. Na primeira visita de Jacqueline Kennedy ao Vaticano, o papa João XXIII perguntou ao então secretário de Estado, o cardeal Montini, qual seria a maneira mais adequada de cumprimentar a nobre visitante, esposa do presidente dos Estados Unidos. Montini respondeu: "Seria adequado dizer 'madame' ou 'senhora Kennedy'". O secretário saiu e, minutos depois, a primeira-dama apresentou-se junto à porta. Os olhos do papa brilharam. Ele se aproximou, abraçou-a e exclamou: "Jacqueline!".

A criança interior espontaneamente manifesta emoções, mas o fariseu que vive em nós as reprime. Não é uma questão de ser uma pessoa emotiva ou fechada. A questão é: "*Expresso* ou *reprimo* meus verdadeiros sentimentos?". John Powell disse certa vez com tristeza que, se tivesse de escrever um epitáfio para o túmulo de seus pais, teria de escrever: "Aqui jazem duas pessoas que nunca se conheceram uma à outra".

Seu pai nunca compartilhava seus sentimentos; então sua mãe nunca conseguiu conhecê-lo. Abrir-se para outra pessoa, parar de mentir sobre sua solidão, parar de mentir sobre seus temores e suas feridas, ser aberto sobre seus afetos e dizer aos outros quanto eles significam para você — aí está o triunfo da criança sobre o fariseu e a presença ativa do Espírito Santo em operação. "Foi para a liberdade que Cristo nos libertou" (Gl 5:1).

Eu gostaria de chamar sua atenção para o fato de que há uma comunicação muito especial necessária em um relacionamento de amor. É a comunicação de nossos sentimentos. Você pode compartilhar qualquer outra coisa com uma pessoa e não ser próximo dela. Você pode compartilhar alimento e dinheiro. Você pode até mesmo compartilhar intimidade sexual e não ser próximo da outra pessoa. Mas há uma coisa, eu acredito, que você não pode compartilhar com outra pessoa sem se tornar próximo dela. O compartilhar sincero e aberto de todos os sentimentos resulta em proximidade e intimidade.

Seus sentimentos revelam, como nada mais consegue revelar, o seu eu verdadeiro. Por exemplo, eu posso me pôr de pé e dizer a você:

— Sou um sacerdote.

E você responderia:

— Ah, por favor, a floresta está repleta deles.

E então respondo:

— Esse é o compromisso essencial de minha vida.

E você diz:

— Sim, mas você não nos falou muito sobre sua vida. Como é ser sacerdote? Você se sente só? Como é a noite de sábado para você? Quando anda pela rua e vê a sua frente um casal de jovens namorados de mãos dadas, você fica com desejo de ter uma mão para segurar? Você canta em seu coração a canção de Paul Anka, interpretada por Frank Sinatra: "Olá, jovens amantes, quem quer que vocês sejam"? Como se sente em relação a essas coisas?

Se eu lhe contar como me sinto em relação a essas coisas, aí você me conhecerá. Você pode usar clichês ou falar sobre outras pessoas e ter todas as notícias na ponta dos dedos, ou pode ser a pessoa engraçada que faz todos rirem. Mas na verdade não compartilha quem você é até que compartilhe seus sentimentos. Esse, acredito, é o segredo do amor.

Naturalmente é arriscado se abrir e também acolher os sentimentos de outra pessoa. É difícil escutar sensivelmente e por horas a fio a fim de dizer: "Sim, sim, eu sei o que está sentindo". Mas é o que a criança interior faz e daquilo que foge o fariseu.

A criança tem um frescor; o fariseu é embolorado. Aquela não é necessariamente estranha ou excêntrica, mas faz as coisas simplesmente de uma maneira original. Talvez diga as mesmas coisas que as outras pessoas, mas suas palavras têm a marca de sua singularidade e interioridade. No Natal de 1962, João XXIII visitou a prisão de Regina Coeli, às margens do Tíber. Permitiram que ele entrasse no corredor da morte, e os prisioneiros foram liberados de suas celas. Ele começou a dizer algumas palavras de ânimo a respeito do Menino de Belém, a grande Luz que brilhou em nossas trevas, quando os prisioneiros começaram a murmurar: "O embusteiro... vem até aqui em uma visita simbólica apenas para ter a foto estampada nos jornais". Continuava o riso silencioso, com escárnio e desrespeito. O papa João parou de falar. Também pararam os prisioneiros. "Vocês estão se perguntando por que vim aqui esta tarde", ele disse. "Vim por que os amo."

Certamente não era uma expressão original, mas tinha o seu frescor. O pontífice expôs-se a um grande risco, mas com confiança. O fariseu apresentaria uma resposta pré-organizada, envelhecida, porque não poderia se abrir para as situações que se apresentam na vida.

"... a não ser que vocês [...] se tornem como crianças..." A vida espiritual pode ser definida como o desenvolvimento da personalidade no âmbito da fé e da graça. Minha personalidade cristã não é apenas uma existência vegetativa; sou um centro singular e radiante de pensamentos e sentimentos. Em vez de viver uma existência rotineira em mera conformidade com a multidão, a criança que agora ressurge me lembra de que tenho um rosto próprio, dá-me a coragem de ser eu mesmo, protege-me para que eu não seja como todos os demais e incita aquela imagem de Jesus Cristo viva, vibrante, magnífica dentro de mim, esperando apenas ser descortinada e manifesta.

Pai, na maior parte do tempo
não me considero
de grande valor.
Sabes que
na maioria das vezes
não me considero
uma de tuas obras de arte.
Mas, na noite passada,
me disseste:
"Tu és mesmo
obra de minhas mãos".

Os artistas nem sempre
subscrevem suas obras,
eu sei;
esboços
e rascunhos
e aquelas obras
que não os agradam,
se não destruídos,
ficam simplesmente
sem assinatura.

Mas tu pensaste o suficiente
sobre tua obra de arte —
EU —
para me honrares
com tua assinatura.

Pai, eu posso nunca pensar
em mim mesma
como uma obra-prima.
Mas obrigada
por me assinares
indelevelmente
e para sempre
com o dom
do teu Espírito.

CAPÍTULO 19

UMA DÍVIDA DE GRATIDÃO

Os teólogos especulativos estão em apuros nos últimos dias. Seu foco de interesse é amplamente considerado uma disciplina altamente artificial e acadêmica, restrita a especialistas de óculos que residem em torres de marfim, separados do mundo real. Certos fundamentalistas deploram a inutilidade de seus esforços. "Os teólogos especulativos", dizem eles, "estão tão absortos com a *Heilsgeschichte* (história da salvação) e a *Formgeschichte* (história das formas), com a hermenêutica e a exegese [curvei a cabeça quando ouvi a palavra], tão ocupados desenvolvendo a definição da natureza de um teórico, a perspectiva sobre a escatologia de outro, as visões sobre o pluralismo religioso de ainda outro que não sobra tempo para Jesus de Nazaré".

A pulsação e as batidas do coração de minha vida interior por muitos anos foram um relacionamento de aprofundamento com o Pai, o Aba de Jesus. Meu livro *The Wisdom of Tenderness* [A sabedoria da ternura] baseou-se em uma experiência profundamente comovente com sua bondade. Imediatamente após despertar pela manhã, minha oração se inicia: "Aba, eu pertenço a ti [...]. Papai, eu pertenço a ti..." (Sete sílabas, a propósito. Inspire em "Aba", expire em "eu pertenço a ti", e você descobrirá que essa oração corresponde perfeitamente ao ritmo natural de sua respiração.) Compartilhei essas introspecções com milhares de pessoas em todo este país e na Europa, e recebi inúmeras cartas de gratidão.

> Obrigado por nos apresentar Aba, nosso Papai! Obrigado por sua obediência, que permitiu que o Espírito Santo transmitisse essa mensagem inesquecível por meio de você.
>
> Gene e Virginia Madian, San Jose, Califórnia

> Sua fita sobre "Aba" está por toda parte na região de Nova York/Nova Jersey. Você nunca saberá quantas vidas foram transformadas por meio dessa revelação simples e poderosa.
>
> Helen Schneider, West Orange, Nova Jersey

> Eu tinha tanto medo de Deus, mas agora que encontrei meu Papai, não tenho mais medo.
>
> Pat De Rosa, Chicago, Illinois

Tantas vidas foram tocadas, enriquecidas e transformadas pelo poder da Palavra de Jesus sobre seu Pai — e minha dívida para com os teólogos especulativos é inestimável. A introspecção deles, a clareza e a ênfase que conferem a passagens como Marcos 10:13-16, Romanos 8:14-17 e Gálatas 4:4-7 deram vida à Palavra em meu coração. Meu ministério tem sido em grande parte uma tradução ou uma popularização em oração do pensamento seminal desses homens e mulheres cheios do Espírito.

Gostaria de compartilhar quatro contribuições relacionadas ao Pai que aperfeiçoaram minha vida e meu ministério:

Karl Rahner, em seu livro *Grace in Freedom* [Graça na liberdade], disse:[1]

> Mesmo nossas experiências mais singulares e íntimas acontecem em nossa vida porque encontram similares em outros homens, e assim se encontram com eles próprios. A história na qual vivemos juntos a vida do dia a dia é o lugar em que todos se encontram. Agora, lá podemos encontrar um homem que simplesmente se chamou Filho e disse "Pai" quando expressou o mistério de sua vida. Falou do Pai quando viu os lírios do campo em sua beleza, ou quando seu coração transbordou em oração, quando pensou na fome e na necessidade dos homens e ansiou pela consumação que dá cabo de toda a transitoriedade desta existência aparentemente vazia e culpada. Com uma ternura tocante, chamou Aba [ou seja, "Pai, querido Pai"] a esse mistério escuro e abismal, o qual ele conhecia exatamente dessa forma. E o chamou assim não somente quando a beleza e a esperança o ajudaram a superar a incompreensibilidade da existência neste mundo, mas também quando encontrou a escuridão da morte, quando o cálice em que estava destilada toda a culpa, toda a vaidade e todo o vazio deste mundo foi depositado em seus lábios e quando ele só pôde repetir as palavras desesperadas do salmista: "Meu Deus! Meu Deus! Por que me abandonaste?". Mas mesmo ali, aquela outra expressão, que a tudo abarca, estava presente com ele, o que serviu de escudo mesmo para esse abandono: "Pai, nas tuas mãos entrego o meu espírito".

O teólogo luterano alemão Joachim Jeremias disse:[2]

> Agora temos condições de dizer por que Aba não é usada na oração judaica como tratamento para Deus: para a mente judaica, teria sido irreverente e portanto impensável chamar Deus com esse vocábulo de tamanha intimidade. Era algo novo, algo jamais visto ou ouvido, que Jesus ousasse dar esse passo e falar

> com Deus como um filho fala com seu pai, de forma simples, íntima e segura. Não há nenhuma dúvida, portanto, de que o Aba que Jesus usa para se dirigir a Deus revela o próprio alicerce de sua comunhão com Deus. [...] Assim, quando Jesus falou sobre Deus como "meu Pai", estava se referindo não a uma familiaridade e a uma intimidade com Deus disponível a qualquer pessoa, mas a uma revelação singular que foi depositada sobre ele. Ela fundamenta sua autoridade no fato de que Deus graciosamente o dotou com a plena revelação, revelando-se a ele como somente um pai pode se revelar ao filho. Aba, então, é uma palavra que transmite revelação. Representa o centro da consciência que Jesus tinha de sua missão.

A citação a seguir assume um vigor e uma ternura especiais, porque foi escrita por Alfred Delp, sacerdote jesuíta que estava enfrentando a inevitabilidade da morte em um campo de concentração nazista.[3]

> A palavra Pai soa estranho nessas redondezas. Mas não sai da minha mente. Mesmo naquele pequeno quarto feio e cheio de ódio, onde os homens faziam uma imitação burlesca da justiça, ela nunca me abandonou. Nos últimos meses, não encontrei nada senão ódio, inimizade, orgulho e presunção nas pessoas com quem acabei tendo contato; nada senão a força implacável, intoxicada com seu próprio poder autocrático e com a usurpação de domínio. Seria terrível se a vida sem a graça, à qual todos hoje estamos sujeitos de uma forma ou de outra, fosse a revelação definitiva da realidade. Tudo o que podemos fazer é recordar fielmente que Deus de fato se chama nosso Pai, que recebemos a ordem de também o chamar por esse nome e conhecê-lo como tal — e que este mundo pomposo e convencido em que vivemos

> é somente o primeiro plano para o centro da realidade que tantos mal percebem no ruído e no tumulto que os cerca. [...]
>
> Deus como Pai, como fonte, como guia, como consolador; esses são os recursos interiores com os quais um homem é capaz de suportar o assalto em massa do mundo. E não se trata de mera figura de linguagem — é fato. O homem de fé está ciente da solicitude, da compaixão, da sustentação profunda da providência em inúmeras e silenciosas maneiras, mesmo quando ele é atacado de todos os lados e o panorama adiante parece impossível. Deus oferece palavras cheias de maravilhoso conforto e ânimo; tem maneiras de tratar das situações mais desesperadoras. Todas as coisas têm uma finalidade e ajudam repetidas vezes a nos trazer de volta para o nosso Pai.

A última seção é do teólogo/evangelista Robert Frost, que captou o calor e a ternura do amor do Pai nesse lindo comentário sobre Marcos 10:13-16.

> Nesse ponto, as Escrituras dizem que algumas crianças pequenas lhe foram trazidas, provavelmente pelos pais. Talvez estivessem tentando entrar na casa ou, como propõe um comentarista, talvez fossem os filhos daquela família que foram apresentados a Jesus [...] antes de ir para a cama. Isso sem dúvida daria um toque ainda mais terno à história.
>
> Obviamente os pais detectaram algo do amor de Deus em Jesus, e queriam que seus filhinhos fossem abençoados pelo Senhor e assim recebessem o carinho dele. Devem ter se aproximado de Jesus com a expectativa de serem recebidos de forma calorosa. Já tentei imaginar a expressão no rostinho brilhante das crianças, enquanto olhavam nos olhos bonitos e amorosos de Jesus. (Sempre imaginei Jesus com o sorriso

nas orelhas.) Uma cena tão encantadora não chega a nos preparar para a resposta rude que se segue.

Os discípulos, talvez em parte para proteger seu Mestre cansado, mas talvez para aliviarem o incômodo que a interrupção causaria a eles próprios, repreendem severamente os pais e grosseiramente empurram as crianças para longe do Senhor. Há uma mudança repentina em atitude da parte de Jesus, uma vez que, com grande indignação, ele se volta para os discípulos e os informa pungentemente que as crianças pequenas e o Reino de Deus se pertencem mutuamente.

Uma vez mais, seus olhos se enternecem, e com os braços estendidos ele tranquiliza os pais e chama a si os pequeninos. As Escrituras afirmam que ele os tomou nos braços um a um e impôs as mãos sobre eles e os abençoou (Mc 10:16). Que bom que Jesus não pediu que agrupassem todas as crianças para uma espécie de bênção geral por estar um pouco cansado. Em vez disso, ele separou um tempo para segurar cada criança perto do coração e intensamente orar por todas elas [...] depois então elas correram apressadamente e alegres para a cama.

Somos ternamente lembrados de uma linda passagem messiânica dos profetas:

> Como pastor ele cuida de seu rebanho, com o braço ajunta os cordeiros e os carrega no colo; conduz com cuidado as ovelhas que amamentam suas crias
>
> Isaías 40:11

Além das verdades mais profundas a respeito do caráter do Reino, que mais Jesus está tentando transmitir por meio desse vívido relato registrado nos três Evangelhos sinópticos? Não temos aí um retrato perfeito da bondade de nosso Pai celeste? É como se Jesus estivesse dizendo: "Vejam, é assim que seu Deus Pai se sente a respeito de vocês. Ele deseja abraçá-los perto do coração e pessoalmente abençoar a vida de vocês com seu amor e misericórdia". Creio que também há uma lição aqui para todos aqueles que buscam estabelecer qualquer tipo de condição falsa a respeito de quem devam ser os receptores da graça de Deus. Todos são abençoados![4]

Deus nos livre de que jamais chegue o dia em que o povo de Deus desdenhe a disciplina dos teólogos especulativos e exijam que desçam de suas torres de marfim para a realidade! Seria um dia de trevas, em que nos dirigiríamos para os lugares rasos para evitar as profundezas.

Pai, com certeza sabias
que eu estava me sentindo como num dia de inverno:
tedioso,
soturno,
com uma tendência
aos temporais, com relâmpagos e trovões.

E assim lançaste
um arco-íris
pelo céu
e sussurraste
lisonjeiramente
em meu ouvido:
"Veja o que fiz —
exclusivamente para você".

E, quando observei,
ponderei,
me maravilhei,
o que de fato
me tirou o fôlego
não foi o esplendor
de tua criação,
mas a percepção,
que me deixa perplexa,
que me tira o fôlego,
que faz meu coração parar de pulsar,
de que sou uma filha
paparicada,
mimada,
muito querida.
Entregue à vontade.
Altamente favorecida.
A quem tudo se dá.

Pai, obrigada
pelo amor
que criou o arco-íris
exatamente para mim.

E, Pai, faze da minha vida
teu arco-íris.
Que eu
reflita
toda a extensão
do teu amor.

CAPÍTULO 20

CRIAÇÃO

Por que Deus criou o mundo? Os teólogos dizem: "*Bonum diffusum sui*" – "O bem propaga-se". Entretanto, o sentido dessa pequena frase de joalheiro pode não ficar evidente de imediato. A teologia afirma que Deus é um em essência e tríplice em personalidade. A teologia fala da monarquia divina do Pai como fonte e origem de tudo o que é. A teologia fala da doutrina da *pericorese* ou da *circum-incessão*, a coinerência por meio da qual as três Pessoas divinas habitam uma à outra mutuamente, porque são um só Deus. A criação é o fluir da geração eterna do amor infinito de Deus. Tendo dito isso, retornamos à pergunta original: Por que Deus criou o mundo?

O sentido presente em toda a Escritura, parece-me, é que Deus Pai se preocupava com essa coisa de ser. Ele era simplesmente maluco por isso. Ficava sempre pensando sobre novas maneiras de ser e novos tipos de ser. Numa tarde, Deus Filho aproximou-se e disse: "Esse negócio é mesmo incrível. Por que eu não saio e nós não fazemos juntos uma receita?". E Deus Espírito Santo disse: "Fantástico! Podem contar comigo".

Assim se reuniram aquela noite após o jantar e prepararam um tremendo espetáculo de ser para o Pai. Era cheio de água e luz e rãs; os salgueiros pendiam por todo lado, e os peixes endoidecidos nadavam nos cálices de vinho. Havia inúmeros cogumelos e uvas, rábanos silvestres e tigres; e homens e mulheres em toda parte para experimentá-los, para fazer malabarismos com eles, para se unirem a eles e para amá-los. Deus Pai olhou para toda aquela festa desenfreada e disse: "Maravilhoso! Exatamente o que eu tinha em mente. Oba!". E tudo o que Deus Filho e Deus Espírito Santo pensaram em dizer foi: "Oba!". Eles riram por eras e eras, dizendo coisas como quão maravilhoso era que o ser fosse, como o Pai foi inteligente em conceber a ideia, como o Filho foi gentil em se dar ao trabalho de fazer tudo acontecer e como o Espírito foi cuidadoso em gastar tanto tempo para dirigir e coreografar tudo. Para sempre e sempre, contaram velhas piadas um ao outro vez após vez, e o Pai e o Filho beberam seu vinho na unidade do Espírito Santo, e jogaram azeitonas maduras e cogumelos em conserva um no outro *per omnia saecula saeculorum* (para todo o sempre).

Reconheço que é uma analogia grosseira. Mas estou cada vez mais convencido de que as analogias grosseiras são as mais seguras. Todos sabem que Deus não é de fato um velho de barba arremessando azeitonas. Nem todos, creio eu, infelizmente, estão de igual modo convencidos de que Deus não é uma força cósmica, uma mera Causa incausada ou Motor imóvel, ou qualquer outra coisa que escolhamos chamá-lo. Assim, apresento a imagem (muito mais próxima da verdade do que essas outras) de que a criação é o resultado de um golpe trinitário e hilário e deixo com você descobrir os detalhes menos importantes por si só.

A criação, afirma a Escritura, é boa. As coisas criadas são apenas respostas inumeráveis ao deleite de Deus, que deseja que elas sejam. Tomás de Aquino diria: "*Ens in quantum ens es bonum. Ens et bonum convertuntur*" ("O ser é bom em si mesmo. O ser e o bem são intercambiáveis").

Realmente nem sempre é fácil perceber que todo ser é bom. Terremotos e cogumelos venenosos, células cancerosas, a fascíola hepática, as orcas e os agiotas precisam ser considerados. Mas ninguém se volta para aquilo que o livro de Gênesis registra: "E Deus viu tudo o que havia feito, *e tudo havia ficado muito bom*". (Gn 1:31, grifo do autor). A criação é uma resposta ao vasto deleite de Deus. O homem é basicamente bom. Sua natureza humana, caída, mas remida, é liberta da escravidão do pecado e capaz de alçar alturas de santidade. O corpo, ressuscitado com Cristo no batismo, é um vaso sagrado, um santuário do Espírito imperecível. (Poderíamos nos livrar de boa parte do pessimismo sobre o homem encontrado em determinados círculos cristãos.)

Robert Frost disse:[1]

> O Senhor certa vez me deteve repentinamente com o desafio: "Por que você insiste em ver seus filhos nas mãos do diabo, e não nas mãos de seu Pastor fiel?". Foi então que percebi que em minha mente eu vinha imaginando todos os males de nossa era presente como, no fim, mais poderosos do que o amor atemporal de Deus.

Dor, inconveniência, pecado — esses são os problemas de ser, as coisas alarmantes, embaraçosas, mesmo trágicas com que Deus está aparentemente disposto a conviver para que os seres existam. Mas, quaisquer que sejam os problemas, não são a raiz do ser. Essa raiz é alegria e agora.

É importante recaptar o *elemento de deleite* da criação. Imagine o êxtase, a orgia de verdadeira alegria, maravilhamento e deleite quando Deus criou uma pessoa a sua imagem — quando Deus o criou. O Pai o deu como um presente para si mesmo. Você é uma resposta ao vasto deleite de Deus. Dentre um número infinito de possibilidades, Deus investiu você de existência. Independentemente da bagunça que você tenha feito da argila original, você não concordaria com Aquino que "é melhor ser que não ser"?

Será que tenho de fato valorizado o presente maravilhoso que eu sou? Será que o presente do Pai para si mesmo poderia ser qualquer coisa menos bonita? Eu amo seus outros presentes: os salgueiros peludos e os gatinhos peludos, o arco-íris, os rios e os ocasos. Eu montaria em mais carrosséis e colheria mais margaridas. Eu comeria mais sorvete e menos feijão. Eu sairia descalço mais cedo na primavera e permaneceria fora de casa até mais tarde no outono. Escalaria mais montanhas e nadaria em mais lagos. Viajaria mais, mas, acima de tudo, eu amaria Jesus Cristo e aqueles ao meu redor e os informaria disso antes da noite da vida.

Talvez o principal motivo por que somos praticantes tão precários da arte de sermos humanos, a razão por que tantas vezes ficamos na corda bamba entre o ódio próprio e o desespero, é que simplesmente não oramos. Oramos tão pouco tempo, tão raras vezes e tão insatisfatoriamente. Para todas as demais coisas, temos tempo livre suficiente. Visitas, encontros informais, filmes, partidas de futebol, concertos, uma noite com amigos, um convite irrecusável – e todas essas coisas são boas, porque é natural e saudável que vivamos em comunidade. Mas, quando Deus requer nosso tempo, empacamos. Será que realmente cremos que ele se deleita em conversar com seus filhos? Se Deus tivesse um rosto, que tipo de expressão ele mostraria a você neste exato momento?

Será que a expressão de seu rosto lhe diria: "Quando vai crescer? Estou farto de você e de suas obsessões. Minha paciência se esgotou. Vamos ter um pequeno ajuste de contas"?

Se Deus dissesse uma única palavra a você, seria "Arrependa-se"? Ou será que ele diria: "Obrigado. Você sabe que alegria é viver em seu coração? Você sabe que eu olhei para você e o amei por toda a eternidade?"? O que Deus diria? Qual é o retorno que você recebe de seu Criador?

Se é um retorno desestimulante, que não traz afirmação, então naturalmente você encontrará milhares de desculpas brilhantes para não orar. Se o Deus que o enxerga por dentro o está sempre lembrando de suas fraquezas e infidelidade, você encontrará muito pouca alegria em seus atos de religião e de adoração. Com esse tipo de retorno resmungão, você se torna um figo velho e murcho. Mesmo que esteja pendurado ali, sendo religioso, quando o enterram, você parecerá um figo. Talvez tenha mantido intacta toda a sua virtude e jamais tenha deixado de ir à igreja no domingo, mas, ah, foi horrível! Que horror! Você jamais viveu; nunca se abriu para Deus. Nunca disse: "Ah, Aba, Papai, você de fato me ama, não é mesmo?".

Se você acredita que é uma resposta ao vasto deleite de Deus em sua criação e que ele se deleita em falar com seus filhos, o ouvirá responder: "Sim, sempre o amei".

De acordo com minha pequena amiga, a irmã Robin Stratton, uma carmelita descalça, reclusa no Carmelo de Baltimore, em Maryland, é precisamente o que a criação tem para nos ensinar:[2]

> Alguém disse, cantou ou viveu certa vez:
> "Você não é ninguém até que alguém o ame".
> É verdade.
>
> Continuamos a ser pessoas sem importância,
> verdadeiros joões-ninguém,

sem um momento todo nosso
sem um espaço todo nosso
sem emoções
completamente ineficazes,
enquanto não somos amados.

Então chega uma pessoa ao nosso lado,
e tudo tem o seu começo.
Eu começo.

Pois percebo que não sou apenas uma invenção da minha imaginação.
Somente quando enxergo o brilho nos olhos de alguém
é que sei que estou em chamas.
Somente quando vejo a explosão na vida de alguém
é que enxergo o poder que eu mesmo tenho.

Então é somente nesse momento que posso dizer:
"Olha só! Quem diria?!".

Tantas vezes enrolamos nossas virtudes, qualidades, talentos,
enrolamos *quem somos* ao nosso redor,
enrolamos e enrolamos,
espiando para fora de vez em quando,
meio que confusos e receosos
por não termos certeza do que estamos fazendo.
Não podemos ver nenhum reflexo de *quem somos*
em outra pessoa.

Então o casulo se rompe,
e alguém espreita para dentro e diz:

"Olá".
E então tudo passa a ser verdade,
porque ele se acha nas mãos de outra pessoa.

De repente *quem somos* existe fora do casulo
fora de nós.
Lá está:
podemos ver,
sentir seu poder,
observar sua influência.
E é maravilhoso
olhar para nós mesmos de fora para dentro.

O que você faz?
Você ri
ou grita
ou canta
ou dá a si mesmo um aperto de mãos?

Você abraça esse acontecimento abençoado
ou simplesmente anda ao redor
sacudindo a cabeça?

Você faz tudo isso e muito mais
até que lhe ocorra o seguinte pensamento:
Por isso Jesus é meu irmão e Senhor!
Porque ele me ama.
Um eu somente aqui
Um eu somente de matéria física
ou mesmo um eu de matéria animada
não é muito um eu.

Mas quando ele olha para dentro e diz:
"Oi".
Quando ele toma esse "*quem somos*",
o examina, realmente olha por todo ele e diz:
"Eu o amo".
Então eu tenho um eu que é a existência de uma vida real.
Então eu tenho tempo
Então eu tenho espaço
Então estou vivo (se preferir — estou chutando).

Por isso Deus disse:
"Serás meu povo,
minha noiva,
minha vinha,
a menina dos meus olhos".

Quando ele nos amou,
começamos a existir como novas criações,
como pessoas, não como coisas.

O Evangelho diz:
"Você deve ser como
seu irmão Jesus".
Bem, então...

VÁ AMAR ALGUÉM
VÁ CRIAR ALGUÉM
VÁ DAR VIDA A ALGUÉM
QUE VEJAM O *QUEM SOMOS* DELES EM VOCÊ!

"Por isso todos saberão
que vocês são meus discípulos
se amarem...
Os dois maiores são
amar a Deus
amar o próximo".

E se for o caso de ser justamente o contrário?
E se eu der existência a Deus
pela medida
em que o amo?

E de fato, de algum modo,
ele não tem tempo
ele não tem espaço
ele não tem influência
ele não tem emoção
enquanto eu não o amar
se eu não o amar e
à medida que eu não o amar.

Talvez eu não possa
expressar tudo isso em palavras,
mas lá no fundo, que é onde importa,
eu sei.

Eu sei quando ele existe
e quando ele é a criação da minha imaginação.
É quando me recuso o deixar que ele me ame.
No isolamento
e no egocentrismo

do pecado e da situação pecaminosa
eu sei que ele está morto.
Não há nenhuma vida aqui
nem humana, nem divina.

Será por isso (a verdadeira razão)
que ele foi crucificado?
Ele não estava morto bem antes do Calvário?
Quando os homens se recusaram a amá-lo –
se recusaram a aceitar seu tipo de criação?

E de fato agora – na situação sem amor
na situação fechada
na situação de ódio
você não consegue enxergar o PEQUENO CALVÁRIO?

Pai, tens
tantos
amigos maravilhosos.
Obrigada
por compartilhá-los
comigo.
Obrigada
por me enviares
pessoas
para amar;
pessoas
que me amam.

Obrigada
por compartilhá-los
comigo,
esses teus amigos,
que fizeram tanto
e me fazem feliz.

Obrigada, Pai, por Jesus
e pelo presente de sua amizade.

CAPÍTULO 21

O HOMEM COM O ESPÍRITO DA PÁSCOA

A preocupação da teologia moderna com a ressurreição de Jesus Cristo não é apologética. Seu triunfo pascal não é mais visto como simplesmente a prova por excelência que confirma a verdade do cristianismo. Todos os estudiosos do Novo Testamento concordam que a ressurreição de fato ocorreu e que é dela que brota a força do evangelho. Por exemplo, o ensino do Sermão do Monte é poderoso, porque o Jesus ressurreto o confirma e assim lhe confere seu significado definitivo e presente.

Se Jesus não tivesse ressurgido, com certeza poderíamos elogiar o Sermão do Monte como um magnífico tratado de ética. Se ressuscitou, elogios de nada importam. O sermão torna-se um retrato de nosso destino final. Fé significa que quem acredita na ressurreição recebe a mensagem do evangelho, e ela o transforma à imagem e à semelhança de Deus. O significado da ressurreição é inseparável do ensino de Jesus. O evangelho remodela o ouvinte pelo poder da ressurreição. O evangelho afirma que há um poder escondido no mundo — a presença viva do Cristo ressurreto. Ele libera o homem da escravidão que obscurece a imagem e a semelhança de Deus nos homens.

A presença viva de Jesus é sua ressurreição, e eu deveria estar experimentando seu poder. Como Paulo escreveu aos filipenses: "Quero conhecer Cristo, o poder da sua ressurreição..." (3:10). De certo modo, Jesus cresce na fé da comunidade, e a ressurreição está presente para nós. Claramente, então, a Páscoa não é só mais um dia no ciclo tedioso do tempo. É o dia dos dias, a festa das festas, o centro do evangelho e de toda a nossa religião cristã. Cada vez que celebramos a Eucaristia, renovamos a *Pesach* de Jesus – seu salto da morte para a vida. Ao redor da mesa, aquele antigo grito hebraico de alegria e maravilhamento passa a ser também o nosso: "Aleluia, aleluia, aleluia! Cristo ressuscitou; a morte não o pôde deter. Agora vive para não mais morrer". Nas palavras de Agostinho: "Somos homens com o espírito da Páscoa, e aleluia é a nossa canção".

O homem e a mulher com o espírito da Páscoa sabem que Jesus não era obcecado pelo pensamento da morte, mas voluntariamente se submeteu a ele para que se pudesse tornar, nas palavras ousadas de Paulo, "Filho de Deus com poder" (Rm 1:4). O homem e a mulher com o espírito da Páscoa sabem que, por meio de seu batismo nas águas, foram envolvidos no triunfo de Jesus sobre a morte, que lá receberam a semente da vida eterna e que um dia essa semente desabrochará em glória.

O homem e a mulher com o espírito da Páscoa são *realistas*. Sabem que nenhuma felicidade humana jamais pode ser completa, porque um dia a morte dará fim a ela. Sabem que a morte pode vir quando forem velhos e frágeis ou quando são ainda jovens, no apogeu da vida, quando ainda cheios de vigor e planos. A morte pode vir com um micróbio do câncer, um carro em alta velocidade, uma nuvem de partículas radioativas liberadas em uma explosão nuclear. Chegou a seis milhões de judeus nos campos de extermínio na Alemanha nazista; chegou a 140.000 japoneses no entulho de Hiroshima; chega a dezenas de milhares todos os anos em nossas estradas. O homem e a mulher com o espírito da Páscoa sabem que um dia lhes sobrevirá e que precisam morrer sua própria morte.

Mas, se são realistas, são também *otimistas*. Como o herói de Hemingway em *Death in the Afternoon* [Morte à tarde], seguem em frente para encontrar-se corajosamente com a morte, pois a morte não é mais algo a temer. Jesus Cristo, seu Salvador ressurreto, venceu a morte. O poder dela foi dominado para sempre. Nas palavras de Atanásio, o homem com o espírito da Páscoa sabe que "ao morrer, não mais perece, que a Ressurreição o tornará incorruptível". Aquilo que o Cristo ressurreto tem, ele passa para o cristão em virtude de nossa união batismal com ele. Embora haja a dor da separação humana, morrer não deprime o homem com o espírito da Páscoa. A morte é essencialmente um caso alegre de amor, pois não marca o fim de coisa alguma; antes, marca o começo, o novo e triunfante começo de uma vida glorificada com Jesus Cristo, que é o primogênito de muitos irmãos (cf. Rm 8:29), a penetrar o interior dos recintos da eternidade. O espírito da mulher da Páscoa é lindamente captado pelo luterano Dietrich Bonhoeffer, mártir alemão. Em 9 de abril de 1945, ao ser conduzido para a forca em um campo de concentração em Flossenbürg, na Alemanha (Bonhoeffer havia conspirado em um conluio para assassinar Adolf Hitler), ele escapou dos dois guardas da SS que o prendiam e saiu correndo em direção ao nó da forca, gritando: "Ó morte, tu és o festival supremo na estrada rumo à liberdade cristã".

O homem e a mulher com o espírito da Páscoa têm os olhos fitos em Jesus, "autor e consumador da nossa fé" (Hb 12:2), o qual afirmou que a morte estava acabada, que ele tinha a resposta para o problema da morte e que, para prová-lo, ele ressurgiria dos mortos. "Destruam este templo", disse Jesus aos fariseus, "e eu o levantarei em três dias". Responderam: "Este templo levou quarenta e seis anos para ser edificado, e o senhor vai levantá-lo em três dias?". Na realidade, ele estava se referindo ao templo que era o seu corpo (cf. Jo 2:19-21). Claramente os fariseus pensavam que ele tinha perdido o juízo, mas ele estava atraindo muitos seguidores. Assim, decidiram matá-lo e lacraram seu túmulo com uma pedra. Mas o túmulo não permaneceria fechado, e o homem voltou para assombrar seus assassinos e todo homem que viveu depois dele. O homem com o espírito da Páscoa sabe que é mais do que remotamente possível que Jesus estivesse correto, que tivesse a resposta para o problema da morte, que seus seguidores pudessem bradar segura, invencível e triunfantemente: "Onde está, ó morte, a sua vitória? Onde está, ó morte, o seu aguilhão?". Morte, você é um fantasma, um bicho-papão de crianças pequenas! A única razão por que o meu Pai permite que você continue a existir é para conduzir-me a uma experiência digna do nome Vida.

Uma vez que se levantou a pergunta e como a esperança que ela gerou foi mantida viva por dois milênios, não sobram alternativas lógicas senão estas: você crê na Ressurreição e assim crê em Jesus de Nazaré, ou você acredita na não-Ressurreição e assim não crê em Jesus de Nazaré. Se a Páscoa não for história, precisamos nos tornar céticos. Ou cremos na Ressurreição e em um Jesus vivo que está conosco em fé e assim dedicamos toda a vida a ele, ou não. Ou descartamos as Boas-novas por acharmos que é boa demais para ser verdade, ou nos permitimos ser tomados pelo júbilo que ela traz e nos tornar pessoas transbordantemente alegres por causa dela. O cristão é chamado a crer em um Deus que ama e em seu Cristo ressurreto. Ele acredita, e acredita fortemente; acredita, e acredita alegremente. Como o teólogo Robert Hotchkins escreveu certa vez:

> Os cristãos deviam estar em constante celebração. A vida deles devia ser cheia de festa, celebrações, banquetes e folia, e deviam se entregar a verdadeiras orgias de alegria por causa da crença que têm na promessa da Ressurreição. Deviam atrair pessoas a sua fé literalmente pela diversão que é ser cristão.

O verso muito citado do escritor francês Hilaire Belloc capta a visão cristã:

> Onde quer que um sol cristão de fato resplandeça,
> há sempre riso e bom vinho tinto à mesa.
> Pelo menos foi o que sempre encontrei,
> Benedicamus Domino!

Realista e otimista, a mulher com o espírito da Páscoa é também idealista. Sabe que deve andar digna de sua elevada vocação como membro do Povo da Páscoa de Deus. A cada sábado cristão, ou seja, domingo, ao entrar no templo do Senhor e fazer o sinal da cruz com água batismal, lembra-se de sua identidade primordial — filha do Pai em Cristo Jesus por meio do dom do Espírito Santo. De novo faz votos de morrer para o pecado, para o egoísmo, para a desonestidade e para toda a forma de amor degradado. "Entretanto, o firme fundamento de Deus permanece inabalável e selado com esta inscrição: 'O Senhor conhece quem lhe pertence' e 'afaste-se da iniquidade todo aquele que confessa o nome do Senhor'" (2Tm 2:19).

Por último, o homem com o espírito da Páscoa é um *liturgista*. Pela fé, ele sabe que encontra o Cristo ressurreto na Eucaristia tão pessoalmente quanto Maria Madalena o encontrou no jardim, de forma tão real quanto Paulo o encontrou na estrada de Damasco. O homem com o espírito da Páscoa sabe que a Eucaristia é mistério — não apenas a celebração de um acontecimento passado e histórico, assim como o Quatro de Julho, que comemora a liberdade americana no monte Bunker, ou uma celebração do Dia de Ação de Graças, que rememora o estabelecimento dos pais peregrinos no rochedo de Plymouth. Naquilo que Tomás de Aquino chamou "a demonstração suprema do amor de Deus para com seu povo", Jesus renova, rematerializa, representa sua *Pesach* — o mistério de sua morte e ressurreição. Tudo de fato acontece sob o véu do sinal e do símbolo, e a comunidade cristã é mais uma vez tomada no maior ato de amor que o mundo jamais conheceu. Uma vez mais, nas palavras de Agostinho, "somos homens com o espírito da Páscoa, e aleluia é a nossa canção".

O grande escritor russo Nicholas Arseniew, em seu livro *Mysticism and the Eastern Church* [Misticismo e a igreja oriental], contou a história do camarada Lunatscharsky. Estava palestrando no maior auditório de Moscou logo após a revolução bolchevique. Seu tema: "Religião: o ópio do povo". Assim discursou: "Todos os mistérios cristão são lendas inventadas; a ciência marxista é a luz que mais do que substitui as fábulas do cristianismo". Proferiu um longo discurso. Ao terminar, estava tão satisfeito consigo mesmo que perguntou, com gestos bem expansivos, se alguém no auditório gostaria de fazer uma pergunta ou dizer alguma coisa.

Um jovem sacerdote russo ortodoxo deu um passo adiante. Primeiramente ele se desculpou ao comissário por sua ignorância e inépcia. O comissário olhou para ele desdenhosamente:

— Eu lhe darei dois minutos, nada mais que isso — ele bufou.

— Não tomarei muito tempo — o sacerdote garantiu.

Subiu à plataforma, voltou-se para a plateia e em alta voz declarou:

— Cristo ressuscitou!

Numa só voz, a vasta plateia vociferou em resposta:

— Ele realmente ressuscitou!

Que essa resposta hoje encontre eco em seu coração e no meu, porque a ressurreição de Jesus Cristo dentre os mortos é a fonte, a razão, a base da alegria indizível de nosso viver cristão. Cristo ressuscitou, aleluia! Um dia sua glória brilhará em nós. Nas palavras de Agostinho, somos homens e mulheres com o espírito da Páscoa a caminho da Jerusalém celeste; e, na viagem, aleluia é a nossa canção.

Senhor, este é um dia de glória e aleluia.
A manhã está tão brilhante
quanto uma moeda nova de um centavo;
tão fresca e doce
quanto um narciso silvestre.
Em algum lugar, um pássaro zombeteiro
nos salgueiros
atrás do dique
está te agradecendo
pelo dia maravilhoso
que nos deste.

Quero unir minha voz
ao hino de louvor dele, Senhor,
e agradecer-te
por esta manhã fulgurosa de Páscoa
em que todo o teu mundo
parece novo.

Epílogo

Aqui acaba esta pequena odisseia, que percorreu dez anos de minha vida, e minha oração é que ela o inquiete tanto quanto a mim. Isso seria muito bom, pois, como o papa João XXIII disse certa vez, "Viver livre de preocupações é viver sem segurança". A inquietação conduz à conversão, e a conversão conduz ao Senhor.

A Palavra jamais contou com uma recepção entusiástica e estrondosa. Por sinal, eis o que diziam: "Ele está fora de si" (Mc 3:21). O ensinamento de Jesus, na qualidade de conjunto de proposições, é tolice para os filósofos deste mundo. Como estilo de vida, é loucura: perder a vida para a encontrar, renunciar ao eu, voejar ao redor como um pardal desavisado do amanhã. Quando a multidão o ouviu pela primeira vez, mesmo sua família disse: "Ele está fora de si".

Talvez em algum ponto nestas páginas, o Senhor tenha pedido algo de você que o deixou completamente conturbado. Talvez o tenha gentilmente convidado a deixar de se agarrar a alguma coisa para experimentar mais dele. Fique em paz. O que quer que seja, você não tem o poder de querer essa coisa, de a repudiar ou de se esvaziar dela. Somente o poder de uma Presença, o forte poder de atração de uma Pessoa, o encanto irresistível de Jesus Cristo é que o pode libertar. Bernardo de Claraval escreveu: "Somente quem experimentou o amor de Jesus pode crer naquilo que ele representa".

O Senhor vem a você onde você vive e o ama como você é. A oração é a arte do possível. Comece com quarenta minutos por dia orando as Escrituras, na melhor hora do dia, pedindo um conhecimento íntimo e sincero de Jesus. Observará algo se formar em você. Fogo! O Espírito levando seus pés a dançar, sua mente a se agitar e seu coração a arder. Então prepare-se para o melhor elogio: "Você enlouqueceu!".

Quero encerrar compartilhando um desses momentos de fogo que iluminam minha vida tão raras vezes. Em meu diário, escrevi:

> A neve deu um toque lindo a este retiro. A branca coberta gera um senso de unidade, como se a terra, as árvores e o céu tivessem feito um pacto secreto de unidade. A paisagem consiste em um vasto e despojado deserto imerso em silêncio. Soprando onde quer, o vento sussurra: "Eu o atraí para cá, trouxe-o para fora, neste deserto, para que pudesse falar mansamente a seu coração".
>
> A prefeitura e as escolas estão fechadas, o transporte público está paralisado, as estradas estão desertas e o nordeste da Pensilvânia é um mundo alvejado, de uma tranquilidade interior. Sem correio, sem telefone, sem som algum a não ser o do vento, assobiando por entre as árvores. Iavé, o Senhor dos Exércitos que criou as Plêiades e o Órion, fala: "Silenciei a música da natureza. Eu disse ao céu 'Silêncio' e à terra 'Acalma-te', pois quero falar com o meu amado. Olhe para fora da janela, pequenino. A natureza jaz à morte. Tu ouviste minha palavra: 'Estou morrendo para estar contigo'? Vem comigo. Não quero tua prosa, tuas penitências, tuas orações.

Vim buscar teu coração. Sshh! Acalma-te e sabe que tu és meu e eu sou teu. Ninguém te arrancará de minhas mãos. Quero que tua prosa se transforme em poesia, que teu discurso se transforme em canção, que tua miopia se transforme em visão nítida: 'Tu és meu; pertences a mim. Eu sou teu. Sou teu Deus. Alegra-te na promessa que é tua. Regozija-te na esperança da GLÓRIA PARA A QUAL TU ÉS CHAMADO'".

Apronta-te para o meu Cristo,
cujo sorriso,
como o relâmpago,
libera a canção da glória eterna
que agora adormece em tua carne frágil como dinamite.

Thomas Merton

APÊNDICE

Um retiro de oito dias para o leitor

Este exercício não exigirá que você fuja para o deserto, para uma caverna ou para uma casa de retiro. A única exigência é tomar, custe o que custar, quarenta minutos da melhor hora de seu dia para uma meditação na Palavra de Deus em atitude de oração. Melhor hora, ou "horário nobre", significa aquele momento do dia em que você se acha em seu melhor estado — mais vivo e alerta. Por mais que seja mais difícil ou complicado por várias razões, as horas da manhã são as que fortemente recomendamos. George Maloney, S.J. (Sociedade de Jesus), escreveu em seu livro *Inscape*:[1]

> Não haverá grande progresso na fé, na esperança e no amor profundos se não explorarmos os primeiros momentos de despertamento do sono como primícias do dia e se não os consagrarmos a Deus em profundo silêncio e adoração. [...]
>
> O sucesso do nosso dia dependerá de nos centrarmos profundamente nos primeiros momentos do dia, antes de nos "envolvermos" demais com as tantas atividades que enchem nossa vida ocupada. Se adiarmos esse exercício para a tarde ou a noite, veremos que enfrentaremos os fatos do dia somente na nossa força. Julgaremos tudo de acordo com a "mente carnal", como a chama o apóstolo Paulo. [...]

> Mesmo assim, poucos são os cristãos que estão prontos para dar a Deus diariamente a primeira hora de despertamento na qual podem humildemente rogar por sua misericórdia e amor e se entregar a ele em serviço amoroso?

Primeiro dia — Salmos 103. Essa oração abriu as portas de uma experiência linda e cheia de fé com o Pai. Fui dominado por delicadas ondas de paz. As palavras "Bendiga o SENHOR a minha alma! Bendiga o SENHOR todo o meu ser! Bendiga o SENHOR a minha alma! Não esqueça nenhuma de suas bênçãos! É ele que perdoa todos os seus pecados e cura todas as suas doenças, que resgata a sua vida da sepultura e o coroa de bondade e compaixão..." me levaram a uma profunda gratidão pelas muitas vezes que ele me resgatou. Mais adiante, as palavras "não nos trata conforme os nossos pecados nem nos retribui conforme as nossas iniquidades" me puseram em contato com sua presença, e comecei a louvá-lo por sua grandeza e bondade, seu perdão intolerável, sua paciência infinda, seu terno amor. Senti como se meu coração estivesse unido ao do salmista. Agora o salmo é a minha oração. "Pois como os céus se elevam acima da terra, assim é grande o seu amor para com os que o temem [...]. Como um pai tem compaixão de seus filhos, assim o SENHOR tem compaixão dos que o temem...".

Recebi uma escultura de Carl e Norma Prask, de North Hollywood, na Flórida. O artista havia esculpido um pai aninhando o filho pequeno sobre o peito do pé e embalando-o para a frente e para trás. A criança está olhando para o pai com total confiança e amor. Mas suponhamos que o pequeno deslizasse deliberadamente de sobre o pé do pai e seguisse seu caminho. Como o pai se sentiria? Como você se sentiria? Você sentiria falta de seu pequenino? Você o chamaria pelo nome? Você ficaria ansioso por seu retorno? Nesse ínterim, você o amaria em sua ausência? Bem, o Aba de Jesus é uma pessoa pelo menos tão bacana quanto você.

Senhor, é quase bom demais para ser verdade.
Mas tu és a verdade
e tu o declaraste,
então eu sei que é real.

Hoje te pedi
que falasses a meu coração,
uma palavra que eu pudesse ouvir
e compreender.

E tu disseste, muito claramente:
"Quero que esteja comigo
onde eu estiver".

Senhor, mesmo as pessoas
que mais me amam
precisam de umas férias
de mim
de vez em quando.

Mas não é o que queres!
Tu me queres contigo
onde estiveres
para sempre!

Senhor!
O sentimento é recíproco!

Segundo dia – Salmos 105. As palavras me encheram de paz e me trouxeram o conforto de saber que, se Deus permaneceu fiel a Israel apesar de suas reiteradas infidelidades, bastando Israel se voltar para ele, ele não me abandonaria. De modo geral, o ritmo e o movimento do salmo me deixaram ainda mais ciente de como sou totalmente dependente de Deus. Ele me tirou das trevas para a luz, da sensação de ser um zero à esquerda para a experiência de ser um filho querido e amado, exatamente como sou. Seus presentes são a força vital da minha existência. Eu oro para receber o dom de uma fé mais profunda, para ser assaltado e tomado pela percepção de que pertenço totalmente a ele, sou totalmente possuído por ele e sou chamado para viver totalmente para ele. Oro, pedindo a coragem de repetir a palavra que Deus proferiu quando me chamou à existência – a palavra que é o meu nome verdadeiro a seus olhos.

Senhor, já te agradeci
por teu vento norte?
Se não,
quero agradecer agora.

Com certeza devias saber que eu estava farta
do verão.
Esta manhã saí
e teu alegre vento norte

mordeu minha bochecha
e emaranhou meu cabelo
e me enviou apressadamente
para o calor do carro a minha espera,
acompanhada pelos gatos,
que saracoteavam e dançavam na calçada,
como que arautos de teu vento
vindo do norte.

Senhor, teu vento norte
me deleita,
me revigora,
me renova.
Convida-me
a andar mais depressa,
respirar mais profundamente,
olhar mais de perto.
Traz-me
uma promessa vermelho-vinho
de noites frias e claras,
brilhantes de tantas estrelas,
de janelas recobertas de gelo
e camas aquecidas
com pilhas bem altas
de cobertores macios.

Senhor, tem até mesmo um cheiro diferente,
como se ao longo do caminho até chegar a mim
colhesse pedacinhos
de abetos vermelhos, pinheiros e juníperos
e piche e mares salgados,

lagos monteses
e especiarias.

Eu sei, Senhor, que para alguns
teu vento norte brilhante
traz somente a promessa
de um frio difícil e profundo
e de dor.
E eu te peço, Senhor,
que os aqueças
e os consoles.

Mas, quanto a mim, meu Senhor,
dou-te louvor
e graças,
honra, glória e bênção
pela pura alegria e exuberância
de teu vento norte brincalhão
esta manhã.

Terceiro dia – João 3:22-36. João Batista sabia quem era e o que tinha sido chamado a ser. "Eu não sou o Cristo, mas sou aquele que foi enviado adiante dele. A noiva pertence ao noivo. O amigo que presta serviço ao noivo e que o atende e o ouve, enche-se de alegria quando ouve a voz do noivo. Esta é a minha alegria, que agora se completa. É necessário que ele cresça e que eu diminua."

Quem sou eu? Quais são minhas razões para querer continuar vivendo? Quais são meus objetivos, sonhos, desejos, aspirações? O que está se agitando, se movendo, vindo à tona em minha alma? Em rápidas pinceladas, parafraseando

Thoreau, eu diria que, à medida que se aproxima a hora de meu pôr do sol particular, eu ficaria horrorizado de descobrir que morri sem ter vivido. Como o mau sacerdote com falhas de caráter do romance *O poder e a glória*, de Graham Greene, eu ficaria profundamente entristecido se, ao concluir minha vida, tivesse de repetir: "Ah, com apenas um pouco mais de coragem, poderia ter me tornado um santo".

Em primeiro lugar, quero um relacionamento mais íntimo com Jesus. O gosto pela oração retornou, e quero cultivá-la. Isso me exigirá disciplina do tempo — por exemplo, ir para a cama antes das onze e meia. Quero cortar pela metade o trabalho que hoje me consome e na metade restante desenvolver uma visão contemplativa e um amor criativo. É a autenticidade da minha vida e ministério que está em jogo com essa mudança radical. Quero parar de me levar tão a sério e a qualquer pessoa que se leve muito a sério. Quero pregar as Boas-novas e dividir com as pessoas o lindo presente que recebi. Quero depender cada vez mais dos vastos recursos de seu poder e vencer a timidez em minha vida. Quero levar uma vida mais simples, mais pobre. Quero ser lembrado não como pregador, professor, sacerdote ou escritor, mas como um homem amoroso que se assemelhava a Jesus e vivia para o Pai.

Senhor, não sei por que
estou tão surpresa
quando me interpretas literalmente.
Eu te disse, tantas vezes:
"Usa-me, Senhor.
Faze de mim teu instrumento".

E tu levaste minha palavra à risca,
e as coisas começaram a acontecer.

De repente descobri
que nem sempre é
fácil
ou agradável
ou mesmo confortável
ser usada por ti.
Comecei a descobrir coisas
a meu respeito
das quais não gostei.

Descobri que não me importo
de ser usada por ti
desde que eu não fosse incomodada;
desde que não me pedissem que eu desse
aquilo que eu não estava disposta a compartilhar;
desde que não doesse muito.
Comecei a aprender
que ser um instrumento
requer um enorme grau de humildade.

Perdoa-me, Senhor,
por minha falta de humildade;
por minha escassez de caridade.
Continua a ensinar-me
o que significa ser usada por ti.
E, usando-me,
continua a me ensinar
a me conhecer.

Quarto dia – Lucas 12:22-32. Aqui Jesus está falando sobre depender da providência. hmmm! Em seu livro *On Being a Christian* [Sobre ser cristão], Hans Küng referiu-se a Francisco de Assis como "o palhaço do milênio". Em 1924, G. K. Chesterton usou uma expressão similar em referência a Francisco – "Jongleur de Dieu" – o palhaço de Deus. No circo, o palhaço muitas vezes planta bananeira. O resultado, naturalmente, é que ele enxerga o mundo de cabeça para baixo. Agora, mesmo que a imagem que você guardou de Nova Orleans esteja incongruentemente limitada pelas fotos do Furacão Katrina, brinque comigo agora por um instante. Suponhamos que você tenha dirigido pela Superdome (agora completamente reparada) em Nova Orleans e olhou detidamente para esse enorme bloco circular de granito. Ele lhe pareceria seguro, permanente, inamovível. Mas digamos que em sua imaginação você o visse de cabeça para baixo. Não diferiria em nenhum detalhe, por menor que fosse, a não ser por estar inteiramente virado do outro lado. Mas agora o peso maciço o faria parecer desprotegido e em grave perigo. Você veria e admiraria a abóbada tanto quanto antes, mas agora a veria na luz divina do perigo e da dependência eternos. Em vez de se sentir orgulhoso em mostrar esse marco de Nova Orleans a parentes em visita à cidade, você agradeceria a Deus o fato de que ele ainda não caiu. E, se você visse a Quadra Francesa, o Hilton, a ponte do lago Pontchartrain e a cidade inteira dessa maneira confusa, ficaria grato a Deus por não deixar Nova Orleans cair como um lustre de cristal que poderia se despedaçar para jamais ser reparado. Em latim, a palavra *dependere* significa "pender de". Como o palhaço Francisco captou a ideia da dependência total do mundo em relação à providência de Deus? Não creio que jamais compreenderei a nobreza do que chamamos "louvor" sem uma visão franciscana da realidade!

Senhor, hoje tentei correr o mundo
por conta própria.
Tentei tão arduamente, Senhor,
cuidar de todas as coisas.
Tomei sobre mim
todos os problemas,
todos os fardos,
todas as preocupações
de todos os que
constituem o meu pequeno mundo.
Tentei tão arduamente, Senhor,
e nada realizei.
Estou frustrada,
confusa
e esgotada a ponto de derramar lágrimas.
Nada parecia ir bem.

Senhor, será que alguma vez aprenderei
que tu és aquele
que a tudo controlas?
Que tu és aquele
que conheces todas as respostas?
Que tu és o único
que podes carregar
os fardos intoleráveis
que tentamos nós mesmos levar nos ombros?

Que és o único
que podes resolver
os problemas insolúveis?
Que és o único
que realizas
qualquer coisa de valor?
Que tudo depende de ti?

Senhor, às vezes me pergunto por que
te incomodas de me suportares.
Às vezes me pergunto
se não és terrivelmente tentado
a me levar pelos ombros
e me sacudir até que meus dentes chocalhem.
Não te culparia se te sentisses assim.

Obrigada, Senhor,
por me suportares hoje.

E obrigada, Senhor,
por fazeres tudo
a TUA *maneira!*

Quinto dia – Hebreus 10:5-7. "Sacrifício e oferta não quiseste, mas um *corpo* me preparaste; de holocaustos e ofertas pelo pecado não te agradaste. Então eu disse: Aqui estou, no livro está escrito a meu respeito; vim para fazer a tua vontade, ó Deus" (grifo do autor). Segundo os psicólogos, o homem se compreende de acordo com sua imagem corporal espontânea; o que ele sente sobre seu corpo e seu valor é o que sente sobre si mesmo. O que sinto em relação ao meu corpo? A pergunta pode parecer sem importância, superficial e pretensiosa enquanto não nos perguntarmos também "Como Jesus Cristo entendia seu corpo?". Um corpo partido por nós: um eu sacrificial, eficaz somente mediante sua destruição.

O que é um belo corpo masculino? Um rosto como o de Brad Pitt e um físico como o de Arnold Schwarzenegger? O que é um corpo feminino bonito? 96 de quadril por 56 de perna por 66 de cintura? Com um rosto como o de Cindy Crawford? Isso é o mundo, meu amigo! Isso é a carne! É disso que se ocupam os comerciais de televisão. O padre Rod McKenzie, jesuíta estudioso das Escrituras em Roma, disse:

> Se você quiser ver o uso otimizado dos sete pecados capitais, apenas observe o que a Madison Avenue faz com os anúncios de televisão. Eles tentam nos atrair aproveitando-se de todas as principais desordens do nosso ser. Essa é a linguagem do mundo (1Jo 4:1-6) que busca atrair o nosso desejo de ser bonitos e bem-sucedidos, nosso desejo de ser amados e reconhecidos, nosso medo de sofrer. É disso que João está falando quando fala do "mundo". O espírito do mundo (no sentido joanino) não é uma questão de vaidade em relação à aparência, à forma de se vestir, às aquisições etc. O espírito do mundo leva a pessoa a procurar a beleza e o sucesso físicos e evitar o sofrimento.

Olhe seu corpo. Está gordo ou magro demais, ou simplesmente em forma? É flácido ou musculoso? Você está satisfeito ou não? Quais são os seus critérios para se sentir bem com seu corpo? Atributos físicos? Isso é o mundo. Jesus disse: "Sacrifício e oferta não quiseste, mas um corpo me preparaste". Um corpo bonito aos olhos do Senhor é aquele gasto em abnegação, derramado como libação em serviço amoroso, um instrumento de autodoação. O seu corpo lhe foi dado como um dom e é apto para isso. Dentro dessa perspectiva, seu corpo é de fato algo bonito para Deus, independentemente de tamanho, forma e outras dimensões. Como o corpo de Jesus, tem por objetivo cumprir o que está escrito no livro: "vim para fazer a tua vontade, ó Deus". Dentro desse espírito, Pedro falou às mulheres:

> A beleza de vocês não deve estar nos enfeites exteriores, como cabelos trançados e joias de ouro ou roupas finas. Ao contrário, esteja no ser interior, que não perece, beleza demonstrada num espírito dócil e tranquilo, o que é de grande valor para Deus.
>
> 1Pedro 3:3-4

Senhor, o mundo é todo verde e dourado
e azul por fora,
e eu sou toda verde e dourada
e azul por dentro.

É um dia para o Magnificat.
Eu me sinto como um arco-íris,
crivadinha de estrelas.
E é tudo porque
me amas
e eu te amo
e eu o sei!
É porque
estás aqui

e eu estou aqui
e estamos juntos.
Obrigada, Senhor, por dias assim,
quando teu mundo e eu cantamos
ALELUIA!

Sexto dia – Lucas 6:20. "Bem-aventurados vocês, os pobres, pois a vocês pertence o Reino de Deus." A versão que Lucas apresenta das Bem-aventuranças deixa de fora "em espírito". Sabemos que não é um descuido depois que lemos Lucas 12:13-21,22-32,33,34; 14:28-33; 16:9-15,19-31; 18:18-23,24-27 e 21:1-4. Lucas, às vezes chamado o evangelista da Madison Avenue, é quase tão sutil quanto uma marreta no que se refere à pobreza material. Ele inclui mais declarações de Jesus sobre o assunto do que os outros sinópticos ou João. Por quê? O que Lucas está tentando fazer aqui? Bem, poderíamos fazer a pergunta: "Por que o mundo inteiro ama Francisco de Assis, Madre Teresa de Calcutá e Jean Vanier?". Mesmo descrentes percebem uma santidade, uma semelhança a Cristo naqueles que acreditam tão profundamente na Palavra que a põem em prática tornando-se literalmente pobres. E como se tornam semelhantes a Jesus, confiando plenamente no Pai celeste! Mesmo um mundo incrédulo afirma: "Isso é santidade!". É exatamente o que Jesus disse na versão lucana do Sermão do Monte: "Bem-aventurados vocês, os pobres, pois a vocês pertence o Reino de Deus". Jesus demonstrou um amor preferencial pela pobreza, pela pouca fama, pela humildade e simplicidade desde seu nascimento, envolto em trapos, até sua morte na cruz, quando lançaram sortes por suas vestes – o sinal de uma vida vivida em confiança incondicional em relação ao Pai.

Nem todo cristão recebe o chamado ou o carisma da pobreza heroica; tampouco qualquer cristão está desculpado do imperativo do evangelho de repartir os recursos materiais com os pobres (cf. Tg 2:15-17). John Woolman, quacre que morreu logo antes da Revolução Americana, escreveu: "Descobri pela experiência que *me manter no ritmo* das obras da Verdade, e *somente à medida que isso abra caminho*, é necessário para os verdadeiros servos de Cristo" (*The Journal of John Woolman* [Diário de John Woolman]). Nas circunstâncias concretas da minha situação de vida, o que o Senhor Jesus Cristo está pedindo de mim quanto à pobreza material? Desejando nada mais, nada menos do que aquilo que a Verdade exige, que gesto (grande ou pequeno) farei hoje em sinal de confiança incondicional no Pai? O elevado princípio da pobreza bíblica é compreendido no terreno prosaico de nossa experiência diária.

Senhor, sempre
tens de me responder
quando falo contigo?
Às vezes
gostaria que não.
Hoje meu monólogo
foi todo entrecortado;
e então
começaste
a responder.

Reclamei a ti
do mundo

e do estado
de seus assuntos.
E então me perguntaste
o que eu tinha feito
para mudá-lo.

Reclamei a ti
de tua igreja
e de todos os problemas
que lhe acometem.
E então me perguntaste
o que eu tinha feito
para ajudá-la.

Reclamei a ti
do sofrimento
que vejo:
a pobreza, a doença,
o abuso dos direitos humanos.
E então me perguntaste
o que eu tinha feito
para mitigá-los.

Reclamei a ti
de alguns amigos
que simplesmente não pareciam
chegar à altura
do que eu tinha esperado.
E então me perguntaste
o que eu tinha feito
para chegar à altura deles.

Senhor, estou começando
a entender tudo.
Pare de reclamar
e
comece a fazer!

Sétimo dia – Lucas 9:49-50. Foi João quem disse: "Mestre, vimos um homem expulsando demônios em teu nome e procuramos impedi-lo, porque ele não era um dos nossos". Jesus lhe respondeu, dizendo: "Não o impeçam [...] pois quem não é contra vocês, é a favor de vocês". Temos aqui um lindo gesto ecumênico. Qualquer um – não importa o rótulo denominacional ou o posicionamento teológico, se cheio de justiça própria, teatral, pomposo, doutrinador, de folheto em punho, se fundamentalista ou um martelador da Bíblia – que invoque o nome de Jesus reverentemente deve ser aceito como irmão ou irmã no Senhor. Independentemente da bagagem cultural, a pessoa está dizendo: "Estou do seu lado". Essa doeu!

Senhor, aquela conversa
que tivemos há pouco
não começou com a intenção
de ser uma sessão de fofoca.
Não sei o que aconteceu.
Começamos
com um bate-papo amigável
sobre nós mesmos
e sobre nossos problemas.

E parecia natural falar
sobre aquelas outras pessoas
que nós dois conhecemos
e por quem
nos interessamos.
Mas, de algum modo, Senhor,
perdemos o rumo.
De repente me vi
falando
de uma de minhas irmãs —
para prejuízo dela.

Na ocasião,
não parei para pensar
o que estava dizendo.
E, embora fosse
verdade
tudo o que disse,
isso não altera o fato
de que foram palavras indelicadas.
Não altera o fato
de que simplesmente não
precisavam ter sido ditas.

Estou me sentindo culpada agora,
e com razão.
Tu jamais terias dito
as coisas que eu disse
de minha irmã.
Eu prejudiquei a imagem dela
aos olhos de outra pessoa,

e como poderei restaurá-la?
Senhor, se houver uma maneira
de eu desfazer
o prejuízo
que causei,
mostra-me.
E, Senhor, refreia minha língua.
Ensina-me a falar
com caridade
ou então a nem abrir a boca.

E, Senhor, perdoa-me.

Oitavo dia – João 20:1-10. Domingo de manhã bem cedo, enquanto o sol ainda começa a lançar seus primeiros raios no céu oriental... o corpo rijo... o peito começa a arfar... uma mão ergue-se lentamente e descobre o rosto... procura adaptar-se à escuridão... põe-se de pé ainda sem muita firmeza... deixa o túmulo. Lá fora... respira o ar puro... sente a emoção dessa nova experiência... ergue o olhar até o monte e vislumbra as três cruzes vazias. Sorri e vai caminhando.

Esta é a minha promessa!

Senhor, quero cantar,
quero dançar,
quero celebrar!

Quero soltar balões vermelhos
que encham os céus,

espalhar pelas estradas
margaridas sorridentes;
bater os címbalos,
rufar os tambores,
sacudir os pandeiros,
fazer ressoar os sinos.

Quero agitar as árvores
e fazer espirrar as fontes,
beijar as rosas,
abraçar o mundo.

Senhor!
O teu amor é como o vinho novo.
Eu me embriago com ele!

Notas

Prefácio à primeira edição norte-americana

[1] Anne Morrow LINDBERGH. *Gift from the Sea*. New York: Pantheon Books, 1955, 1975, p. 43-44. [Publicado no Brasil, sob o título *Presente do mar*, São Paulo: Sextante, 2009.]

[2] O MBTI (Myers-Briggs Type Indicator) é um teste psicológico que busca identificar características e preferências pessoais. Foi desenvolvido durante a Segunda Guerra Mundial por Katherine Cook Briggs e sua filha, Isabel Briggs Myers, inspiradas que foram nas teorias de Carl Jung sobre os tipos psicológicos. (N. do T.)

[3] Edward SCHILLEBEECKX (O.P., Ordem dos Pregadores ou Ordem Dominicana). The "Church and Mankind". Trad. para o inglês James A. Byrne (S. J., Sociedade de Jesus) e Theodore L . Westow. In: _____. *The Church and Mankind: Dogma*. Glen Rock, NJ: Paulist, 1964. vol. 1, p. 99.

[4] François ROUSTANG (S.J., Sociedade de Jesus). *Growth in the Spirit*, trad. para o inglês Kathleen Pond. New York: Sheed and Ward, 1966, p. 13.

Capítulo 2 — Esperança ou autossugestão?

[1] Francis THOMPSON, "The Hound of Heaven".

Capítulo 3 — Amor

[1] Morton KELSEY. *The Other Side of Silence*. Mahwah, NJ: Paulist, 1976, p. 54.

Capítulo 6 — Perdão

[1] Raymond E. BROWN. "The Pater Noster as an Eschatological Prayer." *New Testament Essays*. Milwaukee, WI: Bruce Pub. Co., 1965.

Capítulo 7 — Por favor, examine essa profecia

[1] George P. DONEHOO, "Carlisle and the Red Man of Other Days".

[2] Extraído de: T. C. MCLUHAN, comp. *Touch the Earth: a Self-Portrait of Indian Existence*.

Capítulo 9 — Uma parábola estonteante

[1] Edward R. Murrow, ed. *This I Believe*. New York: Simon & Schuster, 1952.

Capítulo 10 — Milagre em Chicago

[1] Malcolm Muggeridge. *Something Beautiful for God*. New York: Harper & Row, 1971, p. 91-92.

[2] Robert Frost. *Our Heavenly Father*. Plainfield, NJ: Lagos International, 1978, p. 135-136.

Capítulo 11 — Verdadeiramente humano — verdadeiramente pobre

[1] Thomas of Celano. *Francis Trilogy*. Hyde Park, NY: New City Press, 2004, p. 200.

[2] Johannes Baptist Metz. *Poverty of Spirit*. Trad. para o inglês John Drury. Mahwah, NJ: Paulist, 1968, p. 10-11.

[3] Metz, p. 12.

[4] Metz, p. 13.

[5] V. Peter G. van Breeman. *As Bread That is Broken*. Denville, NJ: Dimension Books, 1974, p. 116.

Capítulo 19 — Uma dívida de gratidão

[1] Karl Rahner. *Grace in Freedom*. New York: Herder and Herder, 1969, p. 198.

[2] Joachim Jeremias. *The Central Message of the New Testament*. New York: Sexiliner, 1965, p.21,26-27.

[3] Alfred Delp.*The Prison Meditations of Father Alfred Delp*. New York: MacMillan, 1963, p. 105-106.

[4] Robert Frost. *Our Heavenly Father*. Plainfield, NJ: Logos International, 1978, p. 43-44.

Capítulo 20 — Criação

[1] Robert Frost. *Our Heavenly Father*, cit. p. 130.

[2] Robin Stratton, O.C.D., “Creation”.

Apêndice: um retiro de oito dias para o leitor

[1] George A. Maloney. *Inscape: God at the Heart of Matter*. Denville, NJ: Dimension Books, 1978, p. 165-167.

Compartilhe suas impressões da leitura escrevendo para:
opiniao-do-leitor@mundocristao.com.br
Acesse nosso blog: www.mundocristao.com.br/blog

Diagramação:	SGuerra Design
Revisão:	Josemar de Souza Pinto
Fonte:	Goudy Old Style
Gráfica:	Forma Certa
Papel:	Off White 80g/m2 (miolo)
	Cartão 250g/m2 (capa)